百科通识文库

49

日不落帝国兴衰史——盎格鲁-撒克逊时期

约翰·布莱尔 著
肖明翰 译

外语教学与研究出版社
北京

京权图字：01-2006-6839

图书在版编目（CIP）数据

日不落帝国兴衰史．盎格鲁-撒克逊时期 /（英）布莱尔（Blair, J.）著；肖明翰译．— 北京：外语教学与研究出版社，2015.8
（百科通识文库）
ISBN 978-7-5135-6522-6

Ⅰ．①日… Ⅱ．①布… ②肖… Ⅲ．①英国－中世纪史 Ⅳ．①K561.0

中国版本图书馆CIP数据核字（2015）第198854号

出 版 人　蔡剑峰
项目策划　姚　虹
责任编辑　刘　旭
封面设计　泽　丹
版式设计　锋　尚
出版发行　外语教学与研究出版社
社　　址　北京市西三环北路19号（100089）
网　　址　http://www.fltrp.com
印　　刷　三河市紫恒印装有限公司
开　　本　889×1194　1/32
印　　张　4.5
版　　次　2015年9月第1版　2015年9月第1次印刷
书　　号　ISBN 978-7-5135-6522-6
定　　价　20.00元

购书咨询：（010）88819929　电子邮箱：club@fltrp.com
外研书店：http://www.fltrpstore.com
凡印刷、装订质量问题，请联系我社印制部
联系电话：（010）61207896　电子邮箱：zhijian@fltrp.com
凡侵权、盗版书籍线索，请联系我社法律事务部
举报电话：（010）88817519　电子邮箱：banquan@fltrp.com
法律顾问：立方律师事务所　刘旭东律师
　　　　　中咨律师事务所　殷　斌律师
物料号：265220001

百科通识文库书目

历史系列：

美国简史
探秘古埃及
古代战争简史
罗马帝国简史
揭秘北欧海盗
日不落帝国兴衰史——盎格鲁－撒克逊时期
日不落帝国兴衰史——中世纪英国
日不落帝国兴衰史——十八世纪英国
日不落帝国兴衰史——十九世纪英国
日不落帝国兴衰史——二十世纪英国

艺术文化系列：

建筑与文化
走近艺术史
走近当代艺术
走近现代艺术
走近世界音乐
神话密钥
埃及神话
文艺复兴简史
文艺复兴时期的艺术
解码畅销小说

自然科学与心理学系列：

破解意识之谜
密码术的奥秘
恐龙探秘
情感密码
全球灾变与世界末日
简析荣格
人类进化简史
认识宇宙学
达尔文与进化论
梦的新解
弗洛伊德与精神分析
时间简史
浅论精神病学
走出黑暗——人类史前史探秘

政治、哲学与宗教系列：

动物权利
释迦牟尼：从王子到佛陀
死海古卷概说
存在主义简论
《旧约》入门
解读柏拉图
读懂莎士比亚
世界贸易组织概览
《圣经》纵览
解读欧陆哲学
欧盟概览
女权主义简史
《新约》入门
解读后现代主义
解读苏格拉底

目 录

插图目录

地图目录

绪论

不列颠在公元300至700年间位于正在分崩离析的罗马世界的边缘，是来自各方的潮流交汇之处。它的原住民不列顿人（“凯尔特人”）[1]大多曾处于罗马人统治之下，但只有那些居住在低地地区，也就是后来的英格兰南部和东部地区的民众，才可以说是真正融合到了罗马文化中；而在北部，哈德良长城[2]不仅仅是不列颠的边界，也是罗马帝国的边界。因此，不列颠的大片地区，如同它西部的爱尔兰一样，仍然是凯尔特和皮克特文化区域，罗马文化的影响微不足道。

4世纪后期，罗马帝国疆界之外的皮克特人、苏格兰人、法兰克人以及斯堪的纳维亚人等野蛮民族的袭击日益严重地威胁着不列颠和高卢的统治者，并将在5世纪最终将其击溃。然而欧洲的罗马文明总是那样近在眼前，那样强大富有感染力，即使是最原始的入侵者也迟早会受其影响。不列颠这个失陷了的罗马行省，夹在异教徒的野蛮北

1 不列顿人（Briton）是生活在不列颠的凯尔特人（Celt）。下文中，原文若使用Briton，译为“不列顿人”，若使用British，则译为“不列颠人”。在盎格鲁–撒克逊时代，它们都是指不列颠的原住民。——译注，下同

2 哈德良（Hadrian, 76—138）为罗马皇帝（117—138年在位），他下令在不列颠北部修筑了横跨海岛的城墙，长约117公里，以抵御北方苏格兰地区的皮克特人（Picts）。

方和基督教的罗马南方之间，地位暧昧，成为多种影响交融之地。正是这种暧昧性和多样性，有助于解释即将在不列颠出现的中世纪早期各种文化的鲜明独特性。

第一章

英格兰人集居地

有关5、6世纪的资料十分稀缺，而且难以令人信服。其中一些是考古证据，主要来自异教徒坟墓里的器物。这些证据不会说谎，但它们能回答的问题却非常有限。另外就是少量文本、编年史和一些残篇。其中，唯有《不列颠之毁灭》才是内容比较充实的同时代著作。它是由一位名叫吉尔达斯（Gildas）的不列颠修士在6世纪40年代前后撰写的一本小册子，其目的是用最激烈的言辞谴责当时的各种罪孽。在位于贾罗的一座诺森布里亚修道院里，一位修士，可敬的比德（Venerable Bede），于731年完成了他的杰作《英格兰人教会史》，这部作品使所有其他有关7世纪到8世纪早期的史料黯然失色；而且尽管入侵对于比德已是遥远的过去，但他仍然为我们提供了一些非常值得信赖的零星传说。

图1　早期盎格鲁-撒克逊人的凹陷棚屋[1]复制品，苏塞克斯郡辛格尔顿市威尔德-唐兰博物馆馆藏。这是5到8世纪之间居民点最典型的建筑物之一。

1　凹陷棚屋是早期日耳曼人，包括盎格鲁—撒克逊人比较典型的居室，棚内地面下陷，犹如较浅的地窖。

其他的叙述资料就只有后来收集编纂的一些年鉴残篇、少量诗作以及大陆作者们顺便提及的史料。而后编写的那些被统称为《盎格鲁-撒克逊年鉴》[1]的编年史逐年简述了发生在英格兰南部各王国的事件，它们包含了遥远时代的传说，但关于570年之前的记载却很不可靠。因此，我们唯有通过不列颠人充满仇恨的眼睛，外国人不甚了了的视角，或者他们自己已记忆模糊的传说，方能对早期英格兰人的时运窥知一二。一直到6世纪末，人们都只能将审慎的猜测当作历史。

考古提供了一些看法，认为日耳曼殖民者最初是作为后期罗马军队的雇佣军来到不列颠的，但那并非定论，仍然广受争议。后世的英格兰人认为，他们祖先到来的时间比那晚了几十年，而且的确是从5世纪30年代起，移民似乎才大批到来。在考虑这个重要过程之前，我们必须问：这些入侵者是谁？他们的情况怎样？关于第一个问题，比德给出了答案，虽然答案得出的依据不详，但这段文字却

1 《盎格鲁-撒克逊年鉴》（*The Anglo-Saxon Chronicle*），由阿尔弗雷德大王（Alfred the Great，871—899年在位）于9世纪后期组织学者开始编纂。《年鉴》的编写一直持续到12世纪中期，是盎格鲁-撒克逊时代极为重要的历史文献。

十分翔实，几乎可以同当今任何一位学者所能给出的答案相媲美：

他们来自3个非常强大的日耳曼部落：撒克逊人、盎格鲁人和朱特人。肯特人、怀特岛上的居民以及居住在怀特岛对面区域的那些人都是朱特人后裔，怀特岛对面的地区是韦塞克斯王国的一部分，至今仍然被称为朱特人的国度。东撒克逊人、南撒克逊人和西撒克逊人来自撒克逊地区，也就是现在所说的古撒克逊区域[1]。除此之外，从盎格鲁人的国度，也就是处于朱特王国和撒克逊王国之间的地区，迁徙而来的是东盎格鲁人、中盎格鲁人、麦西亚人、所有诺森布里亚的居民（也就是所有居住在亨伯河以北地区的人）以及其他盎格鲁部落。据说自那以后，盎格鲁区域至今仍然荒无人烟。

大体上说，考古发掘证实了比德的分析：从英格兰的墓葬中发现的器物与那些出自德国北部和丹麦半岛南半部的器物类似。在东盎格利亚一些5世纪的火葬墓地出土的

1 古撒克逊区域以及下文提到的盎格鲁区域在当今德国境内。

骨灰瓮和在萨克森州[1]发现的骨灰瓮甚至有可能出自同一批陶工之手。石勒苏益格[2]东北的一个地区至今仍然被叫做昂格尔恩（Angeln）。对于比德列出的部族名单，我们还可以加上弗里西亚人，他们同那些可能是在5世纪早期渗透到弗里斯兰沿海居民点的撒克逊人融合在一起。甚至比德关于祖居地一些居民点被抛荒的说法，也通过在威悉河口附近的菲德森威尔德进行的考古发掘而得到了证实。在那里，一个由大原木房屋组成的村落在450年左右被放弃，那显然是海平面上升造成的后果。同不列颠低地地区的天然沃土以及当地居民招募雇佣军的证据一道，这些沿海居民点被淹没的状况为移民英格兰提供了特定的背景，虽然在大量蛮族进入乃至跨越帝国行省的大规模流动中，这些迁徙还有更宽广的背景。

多族群区域

比德将英格兰人分为明显不同的部族，其划分有些

1 德国北部州名。
2 德国地名。

太过齐整。那些王国和地区后来在大约600年时为自己贴上的标签——“盎格鲁人”、“撒克逊人”、“朱特人”等等——很可能是表明其统治者和上层集团的来历。但考古发掘并未表明各地区人口的主体能够如此截然区分，到了6世纪后期，当各王国形成之时，边境地区的人口组成就更为模糊不清。于是，东盎格鲁人最精美的金属器物与肯特地区的同类物品相似，而他们的王室却似乎来自瑞典。这些移民很可能是小批、分散迁徙而来；海上航程肯定削弱了他们的部族联系，而新型定居点和社会组织也得到发展以适应早期殖民者的需要。这些殖民者具体来自什么部族，比起他们同属于斯堪的纳维亚南部、德国和法国北部广博的文化而言，其实并不那么重要。他们现存的最古老的诗歌包括以丹麦和弗里斯兰为背景的英雄传说；7世纪早期的东盎格利亚国王拥有瑞典和高卢的财宝；而东南部的英格兰人因为肯特的国王娶了一位法兰克公主而成为基督徒。

于是，在罗马世界与非罗马世界之间形成了一个新型的“国际”区域。最终，前者必将再次发挥影响，但最初几代盎格鲁–撒克逊人在本质上仍然是后者的产物。同绝大多数欧洲的“蛮族”入侵者不同，英格兰人来自罗马文明圈之外。他们所带来的价值观念和社会风俗习惯，即使经过基督教几个世纪的同化，仍然岿然不动，实在令人难以置信。公元一世纪的历史学家塔西陀（Tacitus）对日耳曼人（*Germani*）的描写中相当多的部分仍然适用于他们在英格兰的遥远后裔。同日耳曼人一样，在整个盎格鲁-撒克逊历史阶段，最牢固的社会纽带是血缘关系和主从关系的要求与义务。

血缘关系与主从关系

在祖居地，血缘族群最为紧密；在英格兰，也依然如此。一个男人的家族和依附人有时会组成一个定居点，共同分享资源并有自己的土地分配制度。这种延展性的“亲缘”关系对于定居地特点的影响可以从大量地名的后缀*-ing*[1]，*-ingham*，和 *-ington*看出。黑斯廷斯（Hastings）的意思是“哈斯塔的族人”[2]（the people of Haesta），雷

1 后缀-ing来自ingas，意思是“人”或“人民”（people）。

2 Haesta以及下文的Raeda和Wocca都是那些定居地的首领的名字。

丁（Reading）的意思是“拉达的族人”（the people of Reada），沃金汉姆（Wokingham）的意思是“沃卡族人的田地”（the farm of Wocca’s people），等等。虽然这些名字不大可能产生于移民的最初阶段，但它们出现很早而且十分重要，意味着大片大片的土地。它们还表明，这些领地往往是以迁徙到该地定居的部落的特点来进行区分的。社会发展了，但家族忠诚仍然极其重要。个人的安全在于他知道，他的亲族必将为他的死亡报仇，否则那将是他们永远洗不清的耻辱。不过在塔西陀的时代，杀人者已经可以通过向受害者的亲属交付一定赔偿来保持自己的荣誉，那就是后来盎格鲁–撒克逊法律与习俗里的赔偿制度[1]（*Wergild*）。

塔西陀还强调了日耳曼人对首领的忠诚。他们的君王有时是世袭的，但在战争中他们往往是由选举出的首领指挥：“如果在首领战死后逃离战场那将是终身的耻辱，永遭谴责。为他而战，保卫他……是他们效忠誓言的核心。”9个世纪之后，在991年，一支盎格鲁–撒克逊军队

1 赔偿金额的多少是以被杀者地位的高低决定的。

在埃塞克斯海岸的马尔顿被维京人击败。那时英格兰已经是一个文明国家，早已皈依了基督教；然而，同时代一位诗人让其中一位武士在首领战死后发出的豪言壮语与塔西陀有着明显的共鸣：

我发誓，我决不从我站立之处
后退一步，我将奋勇向前，
用战斗为朋友和主人复仇。
我的行为决不会给斯图尔的勇士们
带来耻辱，现在主人已经躺下，
——我决不会离开战场和主人，
流落天涯。唯有刀尖或者利刃，
才能夺去我的生命。[1]

显然，对主人的忠诚有时可能会与对家族的忠诚相冲突。为了维持秩序和他们自己的权威，后来的君王们倾向于加强王权。于是，国王阿尔弗雷德的法律允许任何人

1 诗文引自著名的古英语史诗《马尔顿之战》，第246–253行。

“为他的族人而战，如果那人受到不正当攻击的话；但却不能对主人作战，那是不能容许的”。但在这两个方面，盎格鲁–撒克逊社会都总是把忠诚和履行诺言看得极为重要。

宗教

盎格鲁–撒克逊社会的主要神祇是古斯堪的纳维亚后期神话中的那些神灵：提乌（Tiw）、沃登（Woden）和托尔（Thor）。他们的名字由星期二、星期三和星期四这些名词流传下来，并保存在图斯列（Tuesley，在萨里郡）、温斯伯里（Wednesbury，在斯塔福德郡）、吐尔斯列（Thursley，在萨里郡）等几个地名里；据推测，这些地名表明，那些地方曾是异教中心。即使在皈依基督教后，英格兰人仍然用他们过去的女神伊丝特（Eostre）为主要的教会节日之一[1]命名。如同在日耳曼地区一样，神龛都设在偏远的地方，设在树林里或者山顶上：有几个地名包含

1 指复活节（Easter）。

hearg（神龛），比如佩帕哈洛（Peper Harow，在萨里郡）和山上的哈洛（Harow-on-the-Hill）。由于教廷会议后来禁止崇拜“石头、木头、树木和水井”，可以推测，那类活动属于异教性质的英格兰崇拜。至少在表面上，这个宗教看起来与罗马统治下的异教徒不列颠人的宗教并没有太大区别。

大约公元600年之前

在大约公元600年之前，能叙述的事件并不多。吉尔达斯说，由于饱受皮克特人和苏格兰人的进攻之苦，在“骄傲的暴君”沃尔蒂格恩（Vortigern）统治下的不列颠人引入最早那批撒克逊人来保卫东海岸。比德和其他一些材料提供者补充说，那些撒克逊人是由肯特王国的创建者亨吉斯特（Hengest）和霍萨（Horsa）弟兄俩率领的，并把他们的登陆时间定在大约450年。虽然这个时间定得有些过晚，但该传闻却与考古证据非常一致：如果日耳曼雇佣军是在罗马统治时期到来，那么那些后继政权完全有可能继续执行这一政策。根据吉尔达斯之说，雇佣军后来发生叛乱，转而向主人进攻；接着就是长时期无休无止的战争，直到大约500年，不列颠人在一个名叫蒙巴多尼库斯（*Mons Badonicus*）的地方取得重大胜利，至于那个地方今在何处，已无从考证。吉尔达斯说，在那之后，和平持续到他的时代，已达50年之久，当时有5个不列颠王国由邪恶的“暴君”统治。它们的势力在未来英格兰诸王国扩张到了多大的范围，至今仍存争议，但在西南地区一些山顶遗址上恢复的防御工事标示出一个武士社会，其特性与前罗马铁器时代非常相似。

那个时代中，一位所有现代人都熟悉的人物自然是亚瑟（Arthur）。不幸的是，他只是一个虚无缥缈的人物，没有多少历史真实性。关于他的传闻中可能具有真实性的两三个片段都写于几个世纪之后，而那些与他的名字相关的传说全都是浪漫传奇的虚构。我们只能说，似乎有一些与一个名叫亚瑟的不列颠军事领袖相关的记忆，他与蒙巴多尼库斯战役以及随后的一些军事行动有关。可能有那么一个部落首领或者超级国王，即最后一个能把先前的罗马行省在最终分崩离析成诸多不列颠和盎格鲁-撒克逊王国之前联合在一起的人。由于我们对主要的政治事件一无所知，所以作进一步的推测毫无意义。

《年鉴》[1] 从英格兰人的视角记录了其他一些首领到达南方海岸；他们是后来那些国王们半传说半历史的祖先：艾尔（Aelle）于477年来到苏塞克斯，塞迪克（Cerdic）和西恩里克（Cynric）于495年来到韦塞克斯。随后的几代人缓慢而持续不断地深入到不列颠南部和东部的腹地，他们的迁徙如果能被追溯的话，也只有通过墓地的发掘来考查：从东盎格利亚西进，从南海岸北上，直达泰晤士河谷地。在泰晤士河上游谷地，不同的英格兰族群在6世纪70年代前后组成了一个名为格维斯（*Gewisse*）的联邦，它对不列颠人的进犯，直达威尔特郡和格洛斯特郡，这些事件后来被收录在《年鉴》里。同时，其他一些英格兰人——东盎格鲁人、东撒克逊人、麦西亚人的王国，以及伯尼西亚和德伊勒两个诺森布里亚王国也开始出现。到大约600年，我们重新拥有一些可靠的史实，发现入侵者们已经牢牢地掌控了不列颠岛的一半。

1　指《盎格鲁-撒克逊年鉴》。

图2　西南威尔士卡斯特德威兰的纪念碑。铭文为：“保护者伏提坡纪念碑”。它的纪念对象被吉尔达斯攻击为“德莫塔的暴君”。

不列颠人的延续

原住民的情况怎样？在6世纪，苏格兰仍然主要属于皮克特人，尽管爱尔兰人（即未来的“苏格兰人”）已经在西海岸的那些居住地组成了一个名叫达尔里亚达的王国。几个世纪之后，一个达尔里亚达国王领头创建了统一的苏格兰。在北方还有3个不列颠王国：以邓巴顿为中心的斯特拉斯克莱德王国，以索尔韦湾为中心的雷格德王国，以及地处利兹地区的埃尔梅特王国。诺森布里亚人对皮克特人的图谋因为在685年遭受的重大失败而破产。他们在这一地区的扩张，受损失的主要是不列颠人。斯特拉斯克莱德得以幸存，而雷格德和埃尔梅特却在6世纪后期和7世纪被诺森布里亚吞并。

最大的不列颠保留地自然是威尔士。来自东部的难民无疑使其人口急剧增加。基督教以及与之相伴的罗马文化的显著特征也得以幸存。在6世纪，如果不是成百个，至少也有好几十个小修道院很可能在那一地区建立起来，而东南威尔士流传下来的土地证书表明了罗马住宅区的存在。格威尼德、代费德、波威斯和格温特等王国延续到大约550年，而一些更小的王国则持续到6世纪末。至少有两个被吉尔达斯斥为暴君的人在威尔士为王：格威尼德的马格洛库奴斯（Maglocunus，马格温Maelgwn），他乃“罪孽之首，其权力之大，用心之毒，甚于众人”，以及代费德的伏提坡（Vortipor，格威瑟菲尔Gwrthefyr）。伏提坡的纪念碑在代费德的一个教堂里，至今犹存——那表明，吉尔达斯的如下斥责并非无中生有：

你坐在王位上，头发已在变白，你的宝座充满欺诈，从顶到底都被各种谋杀和通奸所玷污。你这个好国王的不肖之子……伏提坡，德莫塔的暴君。你的末日已经来临；你为什么就不能满足于你那些狂暴的罪孽？你像畅饮葡萄酒一样贪婪地吸饮罪孽——或者说让自己被罪孽所吞没。你为什么还要在你那些罪孽之上，再添上一重，在你妻子被排斥并体面地死去之后，竟然强奸那毫无廉耻的女儿，把你那不堪重负的可怜灵魂拽入地狱？

康沃尔、德文和萨默塞特组成了不列颠王国杜姆诺尼亚。在吉尔达斯看来，其国王与其他国王一样坏："君士坦丁（Constantine），杜姆诺尼亚那肮脏母狮的残暴幼兽"。在7、8 世纪，不列颠人的区域被盎格鲁-撒克逊人侵占，虽然康沃尔坚持到了9世纪10年代。正是由于对该地区的征服相对较晚，才使一些不列颠文化得以保存。考古发掘表明，在一些旧城里及周围地区，特别是在埃克塞特、多切斯特（即多塞特）、伊尔切斯特等城市，直到5、6世纪仍然存在着某种人类生活的迹象。这些地区的许多主要教堂都起源于凯尔特人：1978至1980年间在韦尔斯进行的发掘展现了包括从罗马后期的大陵墓到盎格鲁-撒克逊大教堂的一系列宗教建筑。在那里，如同在威尔士一样，小教堂总能被追溯到凯尔特人的修道院（*llan*）或者一片环绕一个殉教者坟墓（*merthyr*）的墓园。

要估量公元600年之前就已经牢牢掌握在盎格鲁-撒克逊人手中的地区里有多少不列颠人幸存下来，是最困难的。在1086年[1]，英格兰的人口很可能还不到罗马时代后期人口的一半，而且那还是在经过10、11世纪的人口增长之后，这些事实使我们很难不作出不列颠人口在5、6世纪的确急剧减少的结论。许多人逃往西部，或者逃到布列塔尼[2]，而流行病也发挥了作用。从更普遍的角度来讲，罗马-不列颠人遭受了被摧毁的社会里人们共同的命运；也许人口的减少正是他们的社会**的确**被摧毁了的最明显标志。这并不是说，没有不列颠人存留下来：有迹象表明，人口中包含不少不列颠人，尤其是在北部和西部。有时（比如在早期肯特王国的法律里）他们是作为农民，或者也许是半奴仆性的劳动者出现。值得注意的是，wealh（“Welshman”，威尔士人，即

1 征服者威廉（William the Conqueror，1066—1087年在位）在该年进行了被后世称为“末日审判书”的大普查。

2 在英吉利海峡对岸，现属法国。

不列颠人）这个英语单词被用来指“奴隶”，以至现在难以确知，地名沃尔顿（Walton）究竟是指“不列颠人居住地”还是指“奴隶居住地”。不论他们的人口数量多么大，他们也只是处于附属地位：他们的文化很少地而他们的语言则完全没有传给盎格鲁–撒克逊人。

罗马不列颠的消失

早期盎格鲁–撒克逊人是非城镇人口：他们的重要地点之所以重要是因为等级上[1]而非经济方面的原因。但那种认为他们眼看着罗马式城镇解体，心中唯有迷信的恐惧的观点，却有些过于夸张了。英格兰人知道ceaster（城镇）是什么（这个词的使用非常统一），而且他们通常知道其罗马名称：Mamucion变成Mame-ceaster（Manchester，曼彻斯特），Venta变成Ventan-ceaster（Winchester，温切斯特），等等。城镇处于交通系统的交接点上，城墙十分坚固，是军事领袖们防守的绝佳之处。然而没有任何遗留下来的东

1 指在这些重要地点，各等级的人集居在一起，更体现出等级制度。

西可以使我们有理由将其称之为“城市生活”，而要追溯人们在罗马－不列颠城镇里任何形式的持续居住情况都极为困难。（一个例外可能是坎特伯雷，但在这方面，如同在其他方面一样，其后罗马时代的发展与其说是像一个不列颠市镇，还不如说更像一个高卢城市。）它们中的一些最终将被用作建造大教堂和修道院的场地，但那更是一种重新利用，而非真正的对过去的延续。

为什么罗马不列颠比罗马高卢遭到了远远彻底的毁灭？一个原因是迁入者不同：对于罗马文化的了解，盎格鲁－撒克逊人从未达到法兰克人和西哥特人在侵占高卢之前的程度。但也有可能是因为，从5世纪初到6世纪中期，不列顿人自身发生了巨大的变化。只有不列颠低地才真正被罗马化，而在公元400年之后，那些后继邦国的首领们似乎主要是来自更偏远更原始的区域。最早的威尔士诗歌所反映出的社会与盎格鲁－撒克逊社会非常相似，它也以同样的忠诚关系为核心，也同样强调财产、赏赐和武士们在首领的厅堂里的亲密关系。即使撒克逊人或者盎格鲁人从未来到不列颠，不列颠的罗马文明也很可能会被证明太脆弱，难以维继。

第二章

七世纪

在公元600年前后那段时期，物质文化在迅速发生变化。国王们开始建造巨大的原木宫殿，并在坟墓中使用大量珍贵的陪葬品；英格兰艺术受到欧洲、爱尔兰，甚至不列颠的影响。政治、经济和文化方面的变化应该被看作是整个变革的一部分，这场变革的最后一个主要组成是英格兰的统治者们皈依基督教。

国王与王国

7世纪初的英格兰给我们的第一印象就是，它被分裂为一些大的王国：肯特、苏塞克斯（南撒克逊人）、韦塞克斯（西撒克逊人）、东盎格利亚、埃塞克斯（东撒克逊人）、麦西亚（包括中盎格鲁人）和诺森布里亚（由伯尼西亚和德伊勒组成，随即又加上林赛）。实际状况并非那样整齐有序。诸王国是在不断变换的状态中逐渐涌现的：比如，米德尔塞克斯很可能是一个大得多的中撒克逊领地解体之后的剩余部分，而后者在任何流传下来的文献能记载下它之前就已经解体了。在大的王国之间或者内部，还有数目不详的部族。有一些小部族，如伍斯特郡的赫威赛和威尔士边境上的马贡塞特，有自己的国王，这些国王逐渐臣服于更强大的君主，成为他们的"附属王"或者"地方首领"。很可能还有许多其他的部族：比如萨里在7世纪70年代作为一个附属王国在历史上唯一出现过一次。有时我们能看到一些地方势力坚持自己的独立性和对大国的怨恨。比德说，643年林赛的一个修道院拒绝接受诺森布里亚国王奥斯瓦尔德（Oswald）的遗体，[1] 因为尽管他们知道他是一个圣洁的人，但"他来自另一地区却君临此地"。在公元600年，英格兰国王有可能多达好几十个。

即使是那些大国，也遭遇了力量平衡的更替。比

1 从中世纪直到近代，基督徒，特别是重要人物，都是埋葬在教堂内。

德和其他信息提供者提到一系列超级国王，他们来自不同的王国，先后对全部或大多数盎格鲁-撒克逊民族实施过某种形式的统治。这类控制有可能非常广泛，但全都十分短暂。比德的名单上最早的4位，苏塞克斯的艾尔、格维斯的塞瓦林（Ceawlin）、肯特的艾特尔伯赫特（Æthelberht）和东盎格利亚的雷德沃尔德（Raedwald），把我们带回到7世纪20年代。我们不能确定，在他们的王国之外他们还有多大权威；但我们知道，在616年雷德沃尔德率领一支军队穿越麦西亚，在诺森布里亚的边界将其军队打败。第五位和第六位，埃德温（Eadwine，616—632年在位）和奥斯瓦尔德（633—642年在位）都是诺森布里亚国王。他们是比德眼中的英雄，是他心目中光辉的基督教国王的典范。从他们那里，我们第一次清楚地了解了英格兰诸王国之间的关系。

诺森布里亚向西部的扩张使得麦西亚同威尔士人结盟。632年，格威尼德的基督徒不列颠国王卡德沃朗（Cadwallon）和麦西亚的异教徒盎格鲁-撒克逊国王彭达（Penda）在对诺森布里亚的战争中取得了一场短暂的胜

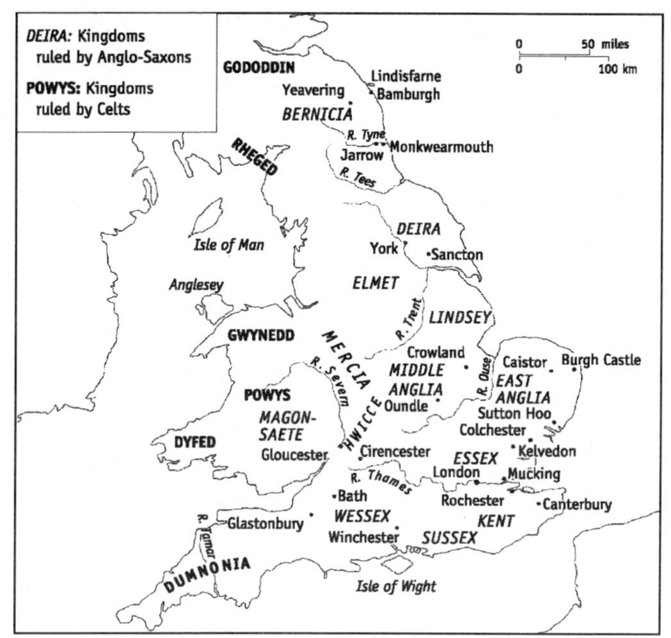

地图1　600年前后的英格兰

利，然而在第二年，奥斯瓦尔德恢复了势力并杀掉了卡德沃朗。威尔士人继续支持彭达，642年奥斯瓦尔德在远离国土的征战中被杀。这件史实以及偶然提及的他与韦塞克斯国王之间的关系表明，奥斯瓦尔德的权力和军事行动都远远超越了诺森布里亚的边界。一组早期的威尔士诗歌从比德的对立面讲述了这个故事：他的英雄成了诗中的侵略者。诗歌哀悼一个来自波威斯的贵族辛迪兰

（Cynddylan），他似乎在为彭达服役中死去。在诗里，我们通过不列颠人的眼睛来看诺森布里亚人：

在一次战斗中，我的弟兄们
辛南、辛迪兰、辛乌莱斯死于非命，
他们在保卫特伦，饱受蹂躏的城镇
……
四周田野上布满血迹，
远多于刚翻耕的休耕地
……
辛迪兰的厅堂，顶棚黑暗，
因为撒克逊人已经杀掉了
波威斯的辛迪兰和艾尔凡……

655年，彭达战败，被诺森布里亚的奥苏由（Osuiu）杀死。奥苏由是比德的第七位超级国王，他此后拥有对其他王国的巨大影响力。尽管如此，真正上升的新星是麦西亚。麦西亚的贵族不久就赶走了奥苏由，并选择彭达的儿子伍尔夫希尔（Wulfhere）为王。到7世纪70年代初，伍尔夫希尔似乎已经控制了南方的英格兰诸王国，他的继任者于679年在特伦特获得的胜利最终终止了诺森布里亚的扩张。然而在南方，麦西亚的势力突然遭到正在崛起的韦塞克斯的阻止。韦塞克斯是通过汉普郡和威尔特郡的撒克逊人与泰晤士河上游的格维斯之间的联合而形成的。来自北方的麦西亚的压力似乎促进了这些部族以温切斯特和南安普敦水域为新的中心区域重新组合。从卡德沃拉（Caedwalla，685—688年在位）短暂的统治及其继任者伊尼（Ine）的在位时期可以明显地看出西撒克逊人的新势力，卡德沃拉吞并了肯特、萨里和苏塞克斯。他们在南方打下的坚实的势力基础在两个世纪后将决定英格兰的命运。

贵族生活

在7世纪的政治领域，人们有可能获得巨大的权力，但却难以长期保持。为什么国王们的沉浮如此迅速？原因之一是，权力与征服靠的是军事势力；而军事势力的积聚有赖于赏赐的吸引；赏赐依靠财富；而财富则要靠权力和

图3　萨顿胡出土的油石器物细部。这个独特的物件也许被用作王节，有可能是仿照罗马的权节制作的。

征服来获得。社会上到处是仇杀，王位的继承充满变数，难以确定；因此有许多遭到亲族流放的王室成员和贵族四处寻求出手大方且志趣相投的君王。比德说，德伊勒国王奥斯温（Oswine）“高大英俊，善于言辞，彬彬有礼，而且对贵族和平民一样慷慨大方；于是……几乎每个王国的贵族都结队前来，做他的亲随。”这样的体系，很难稳固：当一个国王生病、变得贫困或者吝啬时，他的势力就会瓦解，而他的继承人如果能幸存的话，也会成为一个新君王的附属王或追随者。

东盎格利亚海岸萨顿胡地区巨大的墓葬揭示出，一个国王的生活能有多么的豪华。墓葬的历史可以追溯到大约7世纪20年代，而且总的来说，墓主很有可能（尽管这一点长期以来存有争论）是比德的超级国王名单上的第四位，国王雷德沃尔德。在高大的封土堆之下，他被安葬在一只船棺里，陪葬品中有他的铠甲、武器和大量无与伦比的珍宝。里面的黄金和珠宝饰品在整个北欧流传下来的这类物品中最为精美，同样令人惊叹的是，棺木里的陪葬品竟然来自那么多不同的国度。萨顿胡的发现表明，诗歌中关于王室财富的描写并不夸张。尽管如此，它却不能被看作是传统的和代表过去时代的标志。这种豪华的棺葬在600年前后还是一种新现象，它标志着社会等级制度的加强和政治权力的发展；萨顿胡的许多陪葬品并非指向过去的野蛮时代，而是指向基督教欧洲的罗马文明，当时盎格鲁–撒克逊上层对它的兴趣正日益浓烈。

英格兰社会一开始就有一个军事贵族阶层，他们很可能拥有一定的领地。但在最初几个世纪里，国王的追随者们，或者说“随从们”，与他们自己的领地的关系远不如与国王的关系密切。他们必须跟随他，关注他的公众行为，居住在他的厅堂里，如果需要的话，为他作战甚至献出生命。贵族生活具有十分突出的集体性质：大厅作为欢乐之地，作为那个危机四伏的世界中的避难所，是盎格鲁–撒克逊作品中强有力的意象。对它的描绘，没有人比比德更为精彩。当一个诺森布里亚的贵族在劝说国王埃德温接受基督教时，比德让他说出了下面这段十分著名的话：

陛下，在我看来，与我们无法了解的时代相比，人在现世的生活是这样的。你同助手和随从们坐在一起，享受欢宴；火坑里大火熊熊燃烧，厅堂里暖意洋洋；而在外面，天寒地冻，雪雨交加，寒风怒号；一只麻雀快速飞过厅堂。它从一道门飞进，随即又从另一道门飞出。它在厅堂中那一刹那，冬季的风暴与严寒不能加害于它，但在那最短暂的平静之后，它掠过你的视线，从严冬的风暴中来，又回到其中。同样，人生一世也不过短暂一瞬，在那之后，甚至在那之前的一切，我们一无所知。

在王室或者贵族厅堂里的欢聚为读者提供了一种反映那个时代的文学：职业游吟诗人演唱的英雄传说。流传下来的残缺稿本里包括一部主要史诗：《贝奥武甫》。就我们现有的稿本看，这是一部相对较晚也较复杂的作品，也许是为神职人员组成的受众所撰写。但它为我们展示了一个7世纪贵族们的英雄时代，在本质上那是一个异教世界；那个贵族阶层已为基督教所改造，但并没有消失。史诗中的英雄贝奥武甫（Beowulf）来到丹麦国王赫罗斯（Hrothgar）的宫殿，为他消灭魔怪。赫罗斯出手大方，慷慨地赏赐财富和珍贵武器，所以吸引了不少高贵武士，使他十分强大。但诗中的政治领域动荡不安，充满暴力：一个失去支持的国王很快就会灭亡，他的王国也会随他而去。其主题是关于忠诚与仇杀："每一个人都最好是为他的朋友复仇，而非长期为他悲伤……让能赢得声誉之人在死前扬名。"贝奥武甫与魔怪和火龙开战，那些是前基督教时代人们头脑中的产物。当他被杀死后，他的随从们把他同大量珍宝一同埋葬，高大的陵墓眺望着大海，正如东盎格鲁人在萨顿胡的海边为他们的国王所做的那样：

接着，武士们骑马绕陵而行

……

他们赞美他的气概和武艺。

他们传播他的英名，所有的人

都应颂扬君主朋友，不遗余力。

……

人们说，世上所有君王，

他最温文尔雅，最和蔼可亲，

对人民最仁慈，也最渴望名声。

地方政府与社会

早期盎格鲁–撒克逊社会并非只有战争、野蛮的忠诚和炫耀的富丽堂皇。在一定程度上，那是一个令人惊叹的秩序井然的社会。使英格兰在中世纪中期超乎寻常强大的那些体制可以追溯到7世纪，甚至更早：新出现的超级君王们之所以能够那么迅速地建立其势力，一个重要原因就是“地方政府”的效率。各王国似乎被划分为有效管理的行政区，面积很大，占地50至100平方英里；很明显，这些区域在7世纪中期就已经存在，其中许多可能是从血缘部族的领地发展而来。在肯特，这类行政区早已为人们所熟知；但近期的研究发现，它们在诺森布里亚、麦西亚、韦塞克斯、苏塞克斯和萨里也存在。在行政区的中心集居地，有一些房屋提供给流动的王国政府，区内的居民可以在那里寻求公正，同时根据一个复杂的核定体制在那里交纳税费和其他公共负担。土地以“海得”[1]计算，1海得在

1 海得不是根据面积，而是根据作物产量计算，因此在土质和气候不同的地区，面积自然相差很大。学者们认为，1海得大约相当于现在的60至120英亩，也有说相当于15至30英亩。

概念上相当于维持一个自由农民及其家庭所需要的土地面积，因此往往就是一个农场的实际面积。民众的义务按海得核定，以数十个为一组计算对国王的义务。国王在中心集居地的代理人可能依此从某些海得组收缴谷物，从另外一些组收缴小牛和马驹，从其他组收缴蜂蜜、蜜酒或者次要物品。这套制度把农村划分得十分完善，不论它是如何产生的——关于这一点，现在仍有争论——很奇怪的是，在政治动荡的世界里，它却一直是非常稳定的底层结构。

因此，早期行政区域是为了司法目的和经济剥削而组织起来的。一个以经济特点划分区域的制度适用于欠发达的农村，那里地理环境差异极大，而且还有大面积没有经过清理的公共牧区。因此，当中撒克逊国王们将土地分片赏赐时，这些早期"封建采邑"往往保留了行政区的内在结构，也就不足为怪了，那些采邑本身就是由行政区组成的。于是出现了那种"多重领地"，即由那些与一个采邑中心相连的许多独立村邑或者城镇组成的联合体，它在12、13世纪英格兰的许多地区仍然十分突出。这类领地的结构与中世纪威尔士的领地结构非常相似，而且在基本层面上，它很可能是罗马–不列颠农村组织形式的某种延续。当然，过于从族群的角度来对它进行定义有可能会将我们引入歧途。不论是在不列颠还是英格兰，对于包含广义上的经济区的那些欠开发地域，这种“广泛的管辖”是适合的。发展与社会变革，而非英格兰化，最终使这种“多重领地”消失了。

这种模式也很适合那种分散的、缺乏组织并且相对较少的农民人口。在早期资料中，最突出的人物形象是自由农民，或者说底层平民（*ceorl*，现代英语中的churl，但没有其中的贬义），他通常耕种1海得的土地。但这并不等于说，7、8世纪所有的农民都那样“自由”，除了国王之外，没有其他主人。在皈依基督教后，国王们把大片土地赏赐给教会，如同他们早先对世俗随从们所做的那样（至少就短期而言是如此），这些所有者肯定想从以这种方式得到的土地上获利来满足其家庭和其他方面的需要。但在这种“庄园化”的早期阶段，那些较下等的领主们和教堂，如同国王们那样，似乎只是向小土地所有者索取岁收，很可能并没有明显改变他们的生活和耕作方式。没有证据表明那时存在有组织的“村社”，或者那种在10世纪已存在的在等级制中完全为依附性质的佃农。考古发掘表明，中撒克逊英格兰的绝大多数农户要么是单房独屋，要么是居住在非常小的集居地；即使那些核心集居地也还没有任何规划有序的街道、绿地和地界的迹象，而这些在后来的村庄地貌上为人们所熟悉。现在看来，中世纪的公地制度很有可能是经过几个世纪的演化发展而来，公地中还夹杂着一块块分散的私有地。对于7世纪的英格兰，综合性的“村社”还在未来很遥远的地方。

第三章

基督教与修道院文化

在6世纪90年代之后的3、4代人中，所有的英格兰国王和他们的王国政府都皈依了基督教。比德对这一进程的叙述简单而精彩：意大利人和法兰克人在南方传教，爱尔兰人在北方传教，当关于礼拜仪式方面的争论在664年得以解决时，双方终于成功达成统一。实际情况比起比德的说法，则要复杂得多，也更受制于政治和文化因素。在不列颠这个复杂的大熔炉里，基督教的影响很可能是从不同的来源同时涌入英格兰——甚至还来自受到鄙视的不列颠人，而比德则把他们完全排除在外。经济和政治上的联系领先，十字架紧随其后：肯特已经受到来自法兰克高卢的基督教文化的影响，诺森布里亚受到的同类影响则来自苏格兰的达尔里亚达。从更广泛的意义上来看，英格兰人随着近期在王国结构和社会等级方面的发展，已经适合被一个从上到下的等级制宗教所归化，因此也符合加入文明的基督教民族俱乐部的条件。

皈依基督教

一位名叫奥古斯丁（Augustine）的罗马修士率领传教团于597年到达肯特，那是受著名教皇格列高利（Gregory the Great）的扩张主义教廷派遣。根据传说，格列高利曾在罗马看见一些英格兰青少年，说他们“不是盎格鲁人而是安琪儿”。这不是一次驶向完全陌生的世界的航行；国王艾特尔伯赫特那位来自法兰克的王后已经是基督徒，很快他也接受了洗礼，奥古斯丁在坎特伯雷建立了一座修道院。格列高利出于对残存的罗马-不列颠生活方式的错误估计，曾计划把大主教驻地设在伦敦和约克，但当奥古斯丁于601年就任首任坎特伯雷大主教时，他只得承认当时的政治现实。起初，传教似乎进展迅速。604年，罗切斯特设立了主教区；东撒克逊人也皈依了基督教，在伦敦一座以圣保罗命名的大教堂为他们而建造。同时，在肯特也建立了几座修道院，其教堂都是严格按照罗马教堂的原样修建。

然而，教会有得也有失。东撒克逊人不久就背叛了基督教，并赶走了主教。东盎格鲁人的国王雷德沃尔德接受了洗礼，但他似乎是把基督纳入了他所信奉的诸神之中：比德记述说，他同时供奉着一个基督教圣坛和一个异教祭坛。在诺森布里亚，情况也大体相似。埃德温国王接待了罗马传教士保利努斯[1]，并与他的大臣们一道于627年接受了洗礼。但仅5年之后，埃德温国王战败身亡，他的后继者们背叛了基督教，保利努斯只得出逃。教会只是在英格兰各宫廷内迅速取得了立足点，如果它想不受政治形势变化的影响，就必须建立更广泛的基础。

在对北方英格兰人进行传教方面，爱尔兰传教士，特别是那些来自苏格兰达尔里亚达的爱尔兰传教士，取得了决定性成就，而且在与英格兰广大的草根阶层建立宗教联系上，他们很可能最为成功。自5世纪以来，爱尔兰基督教一直十分兴盛，在创立地方性修道院系统方面尤其如此。到公元600年，爱尔兰各修道院在财产和成熟程度方

1 保利努斯（St Paulinus，584? —644）是第一任约克大主教。

面都已远远超过威尔士的修道院，而且还在意大利、高卢和苏格兰建立了分支。对于基督教在不列颠未来的发展，科伦巴（Columba）的传教活动具有决定性意义；他前往苏格兰，使北方的皮克特人皈依了基督教（南方的皮克特人已经是基督徒），并于大约563年在艾奥纳岛建立了一座修道院。当基督徒国王奥斯瓦尔德于633年控制了诺森布里亚之后，很自然地，他向艾奥纳寻求传教士，因为他的流放期曾经是在苏格兰西部的爱尔兰人中度过的。正因为这样，爱尔兰的修士–主教艾丹（Aidan）在林迪斯凡岛上建立了主教驻地。

比德关于那些单纯、圣洁的爱尔兰传教士的描写，以及他们对没有受过教育的英格兰人传授宗教观念上的成功，一直以来决定着历史学家们的思想。但还有一个更宽广的语境可以帮助我们理解他们的成就。与那些意大利和高卢的传教士不同，他们来自一个与英格兰社会大体相似的没有城镇、经济低下的部落型武士社会。比起那些具有地中海城市背景的神职人员，他们更易于融入当地的贵族文化自然也就不足为奇。同样，在那些以亲族为基础的英格兰人看来，比起一位主教在城镇大教堂里官僚式地管理其主教区的罗马模式，修道院作为宗教组织和集居地的核心单位更符合情理：毕竟修道院院长，如同所有日耳曼首领一样，是其家庭的父亲。在所有的英格兰王国里，不论它是以何种方式皈依基督教，修道院文化都会在下一个世纪获得令人吃惊的繁荣，而行之有效的主教制却难有进展。

在艾丹及其继任者们的指导下，一个修道院网络在诺森布里亚各地建立起来，而超级国王奥斯瓦尔德和奥苏由则把这种基督教生活传统传播到其他王国。在7世纪30年代，奥斯瓦尔德的影响使韦塞克斯国王西内吉尔斯（Cynegils）接受了意大利传教士比林努斯（Birinus）的洗礼，后者也随即成为西撒克逊人的第一位主教。由于奥苏由的原因，东撒克逊人再一次皈依了基督教，并接受了一位来自诺森布里亚，名叫基德（Cedd）的主教，他曾受训于爱尔兰教会。麦西亚国王彭达仍然是异教徒，但他允许一个来自林迪斯凡的传教团在他的王国传教，他儿子皮阿达（Peada）在653年接受了洗礼。到660年，只有苏塞克斯和怀特岛的居民还是异教徒，但他们不久也皈依了基督教。

教会组织

随着爱尔兰和罗马各自的影响圈不断扩展，双方之间的紧张关系很可能不可避免，但其中的主要症结在今天看来却是一个令人感到荒唐的小问题：在哪一天庆祝复活节？爱尔兰人和不列颠人使用与罗马不同的计算方法，从而造成使人为难的结果：在诺森布里亚王宫里，有的时候，受教育于爱尔兰的国王奥苏由正在庆祝复活节，而他那受教育于肯特的王后却仍然在过大斋节[1]。在664年于惠特比[2]召开的宗教会议上，诺森布里亚国王奥苏由作出了有利于罗马一方的决定；自那以后，坚持庆祝爱尔兰复活节的人被日益边缘化。如果说惠特比会议并非像比德试图使我们相信的那样真的是一个分水岭，礼拜仪式的统一则肯定是作为各王国之间统一力量的英格兰教会成长过程中重要的一步。

即使这样，在7世纪60年代，教会仍然深受许多问题

1　大斋节（Lent）是指复活节前为期40天的斋戒，以纪念耶稣在荒野禁食。
2　中世纪英格兰著名的修道院，在诺森布里亚，那里诞生了英国历史上第一位英语诗人凯德蒙。

的困扰。教会组织混乱；主教太少，而且有些还是非正式任命的。其他主教[1]则死于664年的一场瘟疫，那使得东撒克逊人又一次叛教。但在669年，教皇派去一位新的大主教，名叫西奥多（Theodore），他是一位来自小亚细亚的杰出学者。在他任职的30年中，这位曾令人意想不到的候选人使教区体制合理化；在那之前，教区体制在所有地区都反复无常，而且在那些因接受由修道院体制组织起来的爱尔兰人的传教而皈依的王国里，也许几乎就不存在。非正式任命的主教们受到清理，令人怀疑的权力机构要么得到认可，要么被废除：比如，所有威尔士主教们下达的敕令都被宣布无效。672年，在赫特福德召开的宗教会议制订了第一部教会管理的基本典律。在短暂但却很辉煌的一代人的时间里，坎特伯雷的一所大教堂学校在教授着地中海地区的学问。

西奥多同那些既得利益者，特别是同在约克新设立的主教辖区内那位势力强大的主教威尔弗里德（Wilfrid），进行了艰苦的斗争。威尔弗里德是坚定的正统主义者，他曾在

1　原文（others）如此。

惠特比会议上支持罗马一方的复活节，但他憎恨任何危及他在诺森布里亚教会中的权力的威胁。他与西奥多及前后几位国王之间长期激烈的冲突导致他两次被驱逐、两次向罗马申诉，以及流放和监禁。同时，他还设法前去为弗里西亚人[1]传教，使苏塞克斯皈依了基督教，并建立起一个布满好几个王国的修道院网络。威尔弗里德拥有大批随从和巨额财富，似乎是圣徒和世俗贵族超乎寻常的混合体。只有一个年轻且具有贵族性质的教会才可能产生出这样一个人物。

修道院

7世纪60年代是英格兰修道院的黄金时代。一方面，由爱尔兰人建立的如林迪斯凡和惠特比那样的修道院日益受到罗马方式的影响，尽管旧的价值观念仍然在继续：在圣库思伯特[2]身上，爱尔兰传教士那种孤独而苦修的虔诚与罗马教会对待修道院生活方式和纪律的态度结合在一

1 弗里斯兰（Friesland）在现在荷兰北部，弗里西亚人（Frisian）为古日耳曼人。

2 圣库思伯特（St Cuthbert，635—687）是英国历史上著名的基督教隐修士。盎格鲁-撒克逊时代流传下两部关于他的古英语诗体圣徒传。

起。另一方面，这时期新建的许多修道院将在后来的几个世纪里被看作是不列颠最伟大的修道院。其中最显赫的有本尼狄克·比肖普（Benedict Biscop）所创建的蒙克威尔莫斯和贾罗，比肖普是诺森布里亚贵族，后来成为修士。他曾5次前往罗马，他的两座修道院给诺森布里亚带来了地中海教会的文化。它们最杰出的成员，即比德自己，曾描写了比肖普是如何要求高卢的石工"按他一直喜爱的罗马风格"建造一座教堂，在里面布置大量精美绘画和装饰，并用来自大陆的资料建立起一座伟大的图书馆。

虽然这些成就十分引人注目，但还需要为教会在农村的传教活动提供永久性的基础。在这方面，初期的工作仍然是由修道院或者类似修道院的机构承担。在今天看来，显然传教活动和精神关怀乃牧师而非修士分内之事。然而在7、8世纪的宗教社区里，由修士、修女以及牧师组成的形形色色的团体通常自然而然地成为构成各种宗教组织的基本单位。在盎格鲁-撒克逊人皈依基督教后的整个时期，"修道院"（拉丁文为*monasterium*，英文为mynster[1]）

1 Mynster是古英语，现代英语是minster或monastery。

包括各种机构，从真正的本笃会修道院到规模小、组织松散的神甫团体。修道院的规章差别极大（贾罗的规章是由比肖普自己制订的），标准也大为不同；除了那些最著名的修道院外，我们对修道院里的生活状况几乎一无所知。但我们有充分理由相信，到750年，英格兰有成百上千座小型“修道院”担负着信仰和精神方面的职责，为可以说是最初的英国牧区制度服务。

那些“老修道院”——人们后来如此称呼它们——比起后来的牧区教堂，服务的区域要大得多。绝大多数的相关资料都出现得很晚，它们表明，这些修道院已经几乎湮没无闻，只剩下一点残余的权威。因此，除了它们仍然存在之外，对于它们从事的教区工作，我们知之甚少。神甫们——如果是严格意义上的修士的话，则是其代理人——在界线清楚的“牧区”里对各地教众巡回布道。修道院管辖牧区里的教众需要向它交纳称之为“教堂款”的谷物，而且最终还得向它交纳什一税以及丧葬费。如果没有王室的帮助，如此复杂的体系不可能这样迅速地发展起来：比如，保林努斯和艾丹就是在各地国王的行宫向人们布道。交纳给教会的款项很可能是以已有的税收计算体系为基

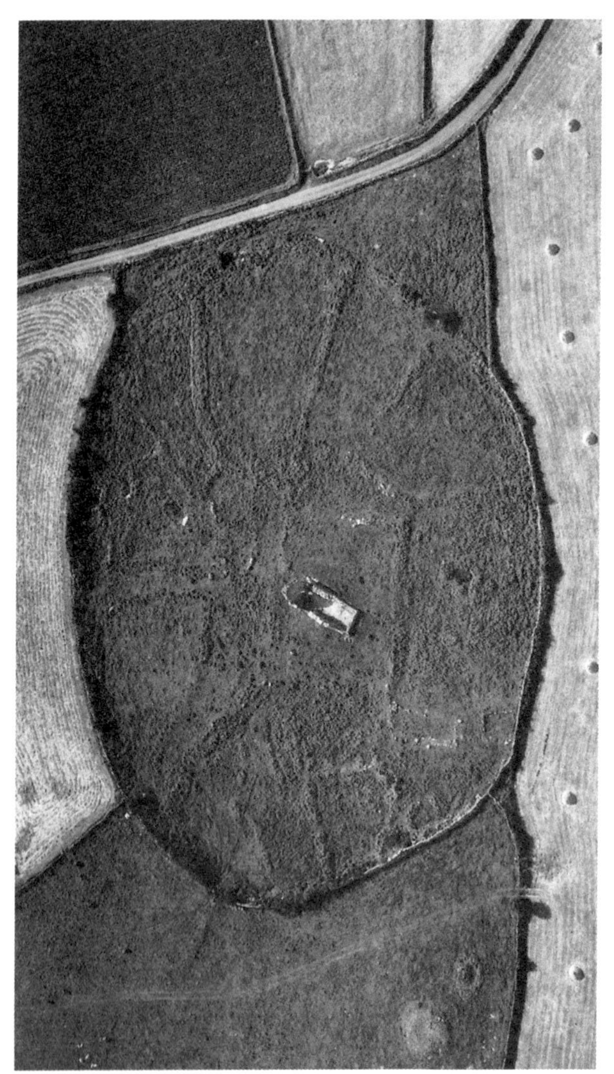

图4 爱尔兰高威县基尔帖南一座早期修道院或称“卡社尔”。典型爱尔兰修道院的外部边界呈环状，其内部区域用来建造主要建筑。圆形的修道院场地在威尔士和康沃尔也存在，在那些地区，从地名中包含的llan（意为“修道院”）成分可以看出那里曾是修道院。

础，有一些国王也可能是作为一种政策修建了几座修道院，比如诺森布里亚国王奥苏由在655年似乎就是这样做的。国王们掌控着地方政府的组织系统，因此教会也是如此。虽然修道院“牧区”最终被从它们内部涌现的数以千计的小教堂所湮没，但它们极为深刻地影响了未来英格兰农村教会的整个发展。

文化水平与立法

如果说国王们帮助了教会的发展，那么教会也提高了国王们的地位。那些异教徒军事首领的子孙们逐渐把自己看作是上帝指定的代理人。同时，随着基督教的到来，人们也开始识文断字：国王们能对部落式习俗进行修改和系统化，使之与文明世界的立法相似。比德说，肯特国王艾特尔伯赫特“按照罗马人的习俗”制订其法律。艾特尔伯赫特的法典，以及后来肯特和韦塞克斯的7世纪法典，表现出当地传统和大陆泊来品的混合。不论它们在实际运作中是否真正有效（这一点大有疑问），很明显，制订法典的国王们总想显得十分高明：有如古典模式的法律制订者。随着各王国对来自罗马与高卢的影响越来越开放，王权的性质也产生了变化。对于统治者们而言，维护法律和管理王国内部事务，而不仅仅是打赢战争，开始变得重要。即使是那些7世纪的法典，里面包含大量的罚款和处罚，也表现出令人赞叹的王室权威。

修道院城镇

随着最早的英格兰教堂的出现，我们也开始隐约看见最初的英格兰城镇的影子。如果说究竟有多少6世纪的君王们把罗马时代留下的城镇和要塞作为长期的统治中心还非常值得怀疑的话，那么7、8世纪的国王和主教们无疑十分喜欢把它们作为建造大教堂和修道院的场地。坎特伯雷、约克、温切斯特和伍斯特等大教堂全都是建造在罗马时代的要塞内；635年，韦塞克斯的首任主教被赐予地处泰晤士河上之多切斯特的罗马要塞来建造他的主教驻地，比德将该要塞称为一个镇子（*civitas*）。建造在被抛弃了的废墟之上的教堂和修道院建筑群本身并非城镇。但尽管如此，那个时代最有组织的社区是大教堂和修道院，手工业者、工匠、仆人和乞丐全都集聚在它们门前。越来越多的考古研究向我们证明，不论是在罗马城镇内还是在为数更多的那些并没有前英格兰背景的地方，城市生活复苏的最初迹象都是与重要的教堂联系在一起的。9世纪后期在翻译比德的作品时，人们并非像我们认为的那样，把他使用的urbana loca这个词组译为“城镇”，而是译为“修道院所在地”。数十个英格兰城镇都是从修道院和集聚在它们门前的居民点发展而来的。

第四章

麦西亚霸权

比起7世纪初，8世纪初期的英格兰已经是一个更为发达的地区。统一的英格兰王国仍然十分遥远，但英格兰人已经开始意识到他们在种族和文化上是一个统一体。比德也许比其他任何人都更强烈地意识到了这一点：人们很容易忘记他最伟大的著作《英格兰人教会史》的书名具有多么重大的意义。正是因为他看到他的种族的共同命运在统一的英格兰教会中得以实现，他才会想到使用“英格兰人”这一术语。但是否也有迹象表明，世俗政府也在变得更为全面？这是一个难以回答的问题，而且一点也不因为现存资料更多而变得丝毫容易。一方面，反映8世纪王权强大一面的那些机构和观念也许并非新近才出现，而仅仅是首次被记录下来。另一方面，那些反映其弱点的王朝动乱也可能早已有之。很可能比德和与他同时代的人都忽略了这些问题。至少可以这样说：8世纪的麦西亚国王们拥有与早先的超级国王们同样的军事势力；但他们生活在文化和法制水平更高、权力更加稳固的社会，这使得他们的力量更稳定且更易于发展。

艾特尔鲍尔德和奥发

麦西亚国王艾特尔鲍尔德（Æthelbald，716—757年在位）继承了伍尔夫希尔所赢得的大部分影响力。这时出现了不少记载国王赏赐的土地证书[1]，所以我们能看到国王们喜欢如何称呼自己。艾特尔鲍尔德的那些称号，如果是自封的，真是令人叹为观止。一份证书上对他的称呼："不仅是所有麦西亚人之王而且还是被统称为南英格兰的所有地区之王"，回应着比德关于早期的超级国王们"控制着亨伯河以南所有地区"的说法。这一断言得到一些土地证书的支持，它们表明他影响着肯特的内部事务并控制着伦敦。但韦塞克斯保持着独立；比德的保护人塞奥武甫

1 "土地证书"（charters）是盎格鲁－撒克逊时代流传下来的特别多的文献，它们反映出当时的封建依附关系和土地制度，具有很高的文献价值。

（Ceolwulf）国王统治下的诺森布里亚也是如此：麦西亚的霸权从未到达亨伯河以北。

图5　铸有奥发国王头像的银币。除了提供更好的货币价值，奥发的银币还具有比罗马人撤离之后在英格兰流通过的任何货币都高的艺术价值。

艾特尔鲍尔德的继任者奥发（Offa，757—796年在位）是阿尔弗雷德之前最强大的英格兰国王。当他的地位稳固之后（那用了好几年的时间），除了在诺森布里亚和韦塞克斯外，他在所有其他王国里的所作所为似乎更像一个直接统治者，而非一个遥控的超级君主。早先的国王们镇压了许多小王朝，但奥发则镇压了一些强大的王国。在相当长的时期内，他在肯特有效地行使着权力；并且当一场发动于798年的反对奥发继任者的政变失败之后，古老的肯特王朝被永远地消灭了。苏塞克斯最后一位国王是奥发手下的一个首领；萨里一直是西撒克逊人的领地，然而在那里，我们却发现是奥发批准了一位麦西亚贵族的土地证书。在东盎格利亚（虽然当地王朝后来又重新出现），《年鉴》在794年的记载简洁而直截了当："这一年，麦西亚国王奥发下令将［国王］艾特尔伯赫特的头砍下。"在韦塞克斯，当地国王的势力和承传则更为强大：该王国仅在786至802年间承认受麦西亚保护，而且即使在那期间，麦西亚的领主地位比起在肯特来，似乎也相当模糊不清。

奥发的地位在伟大的法兰克国王查理曼（Charlemagne）给他的一封著名的信中得到肯定。查理曼视其为地位平等的人，将其称为"他最亲密的兄弟"，并讲到"你的王国和艾特尔雷德（Æthelred）的王国中各主教牧区"，似乎英格兰只有麦西亚的奥发和诺森布里亚的艾特尔雷德这两位国王。与法兰克的关系十分重要（虽然有很多结论很可能是人们从这一份文献里得出的，但在高卢与英格兰南部之间一直有着密切的联系）。奥发肯定乐于被看作是另外一个查理曼，而且不论王权的实际情况怎样，其威望因为对外关系的发展而同步上升。787年，奥发通过一个庄严的宗教仪式使其子艾格弗里斯（Egfrith）登基与他同为麦西亚国王，9年后诺森布里亚也将如法炮制。王权的这种半神圣的性质正在被日益强化。

这并没有使各王朝更为稳固。王位继承变化无常：奥发之后很长的一段时间里，国王们仍然是从王室成员中“选出”。任何可能有资格的候选人只要具有势力就能觊觎王位，在8世纪，麦西亚、韦塞克斯和诺森布里亚都因为王位争夺而四分五裂。为了确保王位的继承，奥发对他的亲属似乎像他对待邻国一样残酷无情。奥发死后不久，他的儿子艾格弗里斯也随即去世；诺森布里亚学者阿尔昆[1]把那看作是报应：“父亲欠下的血债现在报应到儿子身上，我们都很清楚，为了使儿子能继承王位，他父亲欠下了多少血债。”

如果这大多表现出奥发的残酷，我们必须记住，流传至今的关于其统治的资料大都来自外部，而且不无敌意。他在文化建设方面的成就很可能比现存的那些残缺不全的记载大得多，而且在8世纪70年代，我们开始看到在政府、地方组织以及王权的行使等方面的根本性改革。这

1 阿尔昆（Alcuin，732？—804）是英国历史上著名的神学家、教育家和诗人，曾任查理曼大帝的宫廷教师。

些改革部分是受法兰克王国榜样的启示，部分是受已经十分富有且地位稳固的英格兰教会的影响。有一定理由认为奥发是一个教会改革者：他在786年召开了整个盎格鲁-撒克逊历史上唯一一次有教皇使节参加的宗教大会，而且即使说他把利奇菲尔德主教牧区提升为大主教牧区的努力——那获得了短暂的成功——是受政治目的的驱使，那也可以被看作是一个合理而且十分需要的机构。艾特尔鲍尔德和奥发经常参与并且有时还亲自主持宗教会议，他们的随从和大臣们也见证了会议如何作出决议，这些都被记载于文献中。教会处理事务的方式不可能不会提高人们关于司法惯例以及法制程序的意识。虽然这是在宗教领域，但这类会议肯定有助于把围绕在7世纪国王周围的武夫群体改造成为更有效地组织起来的政府和管理机构，并最终可以被称为官僚政府。

防御工事

关于土地所有者们有义务帮助建造桥梁和防御工事的记载最先出现在749年的一份文献中，而且在后来的土地赏赐中通常有明文规定。这在那个组织建设了至少两项大规模公众工程的时代有重大意义：其中一项早已久负盛名，而另外一项则直到最近才被人们所理解。当然，第一项就是奥发堤坝，人们如此称呼它，很可能是基于有事实依据的古老传说。近期的考古发掘表明，这项从海岸到海岸的巨大土石工程是英格兰和威尔士之间连续不断的防御工事。我们知道，奥发曾袭击过威尔士，但这道堤坝看起来更像是防御性而非进攻性的设施，用来阻止威尔士人的进攻和越境抢劫耕牛。而仅仅它存在这个事实就证明了奥发掌控着巨大的资源。

土地证书上提及的"防御工事"是指设防的要塞而非堤坝。后来，韦塞克斯国王阿尔弗雷德和他的继任者们将会发展出大规模的区域性要塞网络来保卫韦塞克斯不受维京人的入侵。不过，最近的考古发掘开始表明，有一些麦西亚中心区域，比如赫里福德和温什科姆，被一些8世纪的堤岸和壕沟所围绕，甚至还有一些规划有序的街道。其中特别重要的是塔姆沃斯，自8世纪90年代开始，王国政府就定期驻扎在那里；在前维京时代的英格兰，它已经发展成为最接近"首都"的地方：考古发掘发现，它不仅有一个环绕的防御带，而且还有一个规模巨大的9世纪磨房。很明显，盎格鲁–撒克逊统治者们（同他们先前那些不列颠同行们一样）第一次充分运用各种资源来建造和维持军事设防的城堡；并且由于组织起了有效的供应系统，一直在各粮食收购点之间不断流动的王国政府终能变得更为固定。

贸易与商业中心

我们已经看到了使城市兴起的两个因素：教堂与要塞。第三个因素显然是贸易，包括国内和国际贸易。贸易似乎在7世纪70年代得到迅速发展，最明显的迹象是被称作锡塔（*sceattas*）的那种制作粗糙的小银币急剧增加，以至到8世纪20年代，竟然有多达数百万枚锡塔在英格兰东部和南部地区流通：那是自罗马时代之后不列颠的第一种大规模流通货币。在该世纪后半叶，在法兰克王国影响下，更为正规的硬币被铸造出来，首先是在东盎格利亚，但最著名的是那种以奥发的头像为图案的精美银币。尽管所有交易都以货币形式进行还不太可能，但货币的大规模流通除了有利于统治者们对商业利润抽税之外，必定还极大地促进了贸易。

查理曼和奥发之间发生在789年的一场争端表明，英格兰商人使用法兰克港口已是习以为常。英格兰和法兰克已成为正在成长中的国际商贸活动的一部分。实际上，近一个世纪来，商贸中心一直在北欧各地发展。那是一个威奇（*-wics*）时代，在700年前后，在西北欧海岸和英格兰南部及东部海岸出现了一系列国际商贸中心，十分引人注目。每一个主要的英格兰王国似乎都有自己的威奇：韦塞克斯有南安普敦（*Hamwic*），东盎格利亚有伊普斯威奇，诺森布里亚有约克（*Eoforwic*），桑威奇也许是属于肯特。现在看来，它们中最大的很可能是伦敦（*Lundenwic*），[1]比德将其称为“经海上和陆地到来的各国人之商贸中心”；它并不在城墙环绕的城市之内，而是在斯特兰德大街和科文特加登[2]一带。在所有这些区域进行的考古发掘都揭示

1 这里的中文译文都是现代地名，括号中为盎格鲁-撒克逊时代的古英语地名。
2 科文特加登（Covent Garden）现为伦敦一广场名，曾为伦敦著名的农贸市场。

出密集的居民点和手工业生产。如果说它们主要是外国商人的货物转口港，那么证据越来越清楚地表明，它们的商业腹地已经深入到内地。虽然现有资料不能让我们准确地估量经济增长，但很明显，英格兰的国内和国外经济在艾特尔鲍尔德和奥发的时代正经历深刻变革。

教会

对于英格兰教会，8世纪和9世纪初是前途未卜的时代。世俗的基础和支持也有其自身的问题，贵族们十分希望获得“特授公地”（以书面证书拥有的土地，因此纯粹是宗教性质的土地拥有形式）在土地租金和税收方面的好处，于是在他们的领地上建造修道院。比德愤怒地抱怨说，其中一些简直就是逃税的“挡箭牌”。也许完全从字面上理解比德的意思是不对的，但随着修道院文化在世俗社会中迅速发展，其水准已经从7世纪后期的最高点下降，则几乎是不争的事实。并非只有比德一人在为之痛心疾首：一系列宗教会议，特别是在747年召开的著名的克洛菲休宗教大会[1]抱怨说，修道院内酗酒和世俗演唱成风，修道士们过着贵族般的生活。教会与王权之间的关系有时并不融洽，特别是与像艾特尔鲍尔德那样的国王相处更是如此，他似乎把修道院改革同掠夺教堂和引诱修女结合在一起。国王与坎特伯雷大主教之间的关系由于肯特地区强烈的反麦西亚情绪而变得更加复杂。亚恩伯特大主教（Archbishop Jaenberht）由于奥发将利奇菲尔德提升为大主教区而极为愤怒，该方案在国王逝世后被放弃，理由为它是出自对肯特人的敌意。

在积极的方面，英格兰教会培养出了一位杰出的学者——阿尔昆。他受教于约克大教堂学校，是查理曼王宫里的一个领袖人物并在查理曼时代的古典文化与教育大复兴中发挥着核心作用。8世纪后期欧洲最重要的知识分子是一个英格兰人，这一点很重要，尤其是在查理曼给奥发的信件这样的语境里：同之前的比德一样，阿尔昆也是一个诺森布里亚人。麦西亚文化已经几乎完全湮没在历史中：它没有一个像比德那样的人将其成就记录下来，而它

1 克洛菲休（Clofesho）为古地名，今在何处，已不可考。克洛菲休宗教大会的重要决议之一是强调向上帝祷告。

那些最主要的修道院遭到了维京人的毁灭。一些装饰艺术的残片，比如山颠布里登的教堂里的雕塑，表现出豪华的环境。艾特尔鲍尔德和奥发时代一座杰出的纪念碑式建筑是在北安普敦郡的布瑞克斯沃斯大教堂。而这座建筑在早期的文献记载中从未出现过，这意味着我们所知甚少。

有关8世纪教会的一件最了不起的事实是，英格兰人现在到他们早先在大陆上的故乡去传播基督教。说也奇怪，他们的传教活动竟然是源于圣威尔弗里德与大主教西奥多之间的争吵。威尔弗里德于678年启程前往罗马去申述其观点，途经异教地区弗里斯兰并在那里传教一年。英格兰人已经从他们的商人那里得知弗里西亚人，而威尔弗里德为更加雄心勃勃的传教活动打开了大门。一批诺森布里亚传教士于690年在弗里斯兰登陆。他们中的领头人物是威利布罗德（Willibrord），他于695年被授予弗里斯兰大主教的圣职。他在乌得勒支建造了自己的大教堂，随后有组织的教会在法兰克弗里斯兰迅速发展。威利布罗德的传教得到圣卜尼法斯[1]率领的西撒克逊人传教团增援。从718年到达之时起，到754年被异教徒杀害，这期间，卜尼法斯一直在弗里西亚人、日耳曼人和法兰克人中传教，在美因茨建立了主教区。除了使异教区域皈依基督教外，卜尼法斯还对整个法兰克教会拥有巨大的影响力，他将其制度化，并置于教皇的指引之下。在其传教生涯中，他依靠来自英格兰的书籍、人员和建议，遗留下一大批与国内朋友们的来往信件。把过去的法兰克教会改造为加洛林文艺复兴[2]时期不断扩张的教会，其大量工作是由英格兰人完成的。

1 圣卜尼法斯（St Boniface，675？—754）是历史上著名的英国本笃会修士，受教皇派遣，前往日耳曼地区传教，被任命为美因茨大主教，后被弗里西亚异教徒杀害。

2 加洛林文艺复兴（Carolingian Renaissance）是指加洛林王朝在查理曼大帝时期出现的文化繁荣。那是罗马帝国崩溃后西欧经历的第一次文化大繁荣。

第五章

维京人的入侵与韦塞克斯王室的兴起

麦西亚的霸权在奥发死后不久就衰落了。他的继承人，国王科恩武甫（Coenwulf），控制着肯特和苏塞克斯，甚至还从北威尔士获得了一些新的领土，但韦塞克斯于802年脱离了他的控制。一个超级君主的王朝即将出现，这一次是西撒克逊人。825年，韦塞克斯国王艾克伯特（Ecgberht）在斯温登附近获得决定性胜利，把麦西亚的一个附属国王赶出了肯特，并且兼并了肯特、埃塞克斯、萨里和苏塞克斯。4年后，麦西亚自身也被艾克伯特征服，甚至连诺森布里亚也向他俯首称臣。这一惊天大逆转，以及韦塞克斯突然崛起成为历史舞台的主角，需要作一些解释。有两个主要因素也许可以提到：由于新近征服的康沃尔矿产资源丰富，西撒克逊君主的财富不断增加；艾克伯特家族具有以协议而非流血的形式决定财产和王位继承的能力，消除了早期王权中一个致命的弱点。

维京人的进攻

他们依靠其自身的内部力量能否最终获得超级霸权，永远也无从确知。《盎格鲁-撒克逊年鉴》关于789年的记载包含一项不祥的条目：一场终将摧毁韦塞克斯王室所有对手的风暴的第一丝气息，而且随着他们的毁灭，英格兰文明一些最辉煌的成就也将消失：

这一年贝奥赫特里克（Beorhtric）[韦塞克斯国王]娶奥发国王的女儿伊德布尔（Eadburh）为妻。他在位期间，从荷达兰驶来了第一批挪威人海船，共3艘，当地长官随即骑马前去，因为他不知道那是些什么人，于是极力迫使他们到国王驻地觐见，却被他们杀死。这些就是最早来到英格兰的丹麦人船只。

这次维京人的登陆只是一个小事件，虽然有其他一些资料提及那些“海上异教徒”随后对南部海岸的攻击。更为严重，同时也是难以比拟地更为惨痛的抢劫发生在北方，因为那包括对林迪斯凡（793）、贾罗（794）和艾奥纳（795）的连续劫掠。不列颠已经有两个世纪没有遭受到外来攻击，对这3个最神圣的地方的突然亵渎，英格兰人的反应不难想象。然而这些还只是孤立的事件，要到一代人之后，维京人的骚扰才会成为主要威胁。但发生在835年的对肯特的大规模袭击开始了长达30年的几乎是连年的进攻，而且这一时期是以一支侵略大军的到来而结束。

9世纪60年代的入侵

挪威人和丹麦人的急剧扩张是一种全欧洲的现象，对英格兰和爱尔兰的袭击仅仅是其中的一部分。两个民族参与其中（维京一词，即"海盗"，是由他们的受害者们创造的，并且同时指称两个民族），动机有几个。他们远非完全的野蛮人，而且在9世纪40年代之前，他们已经有好几代人大规模从事商贸活动。的确，正是他们的商贸活动打开了与西方和南方各国之间经常交往的通道。由于人口增加，很难在本地再找到适当的生活方式。许多冒险者们肯定听到了不少关于那些富饶地区的修道院的传说，里面满是随手就能抢到的财富；而早先的袭击如果不立即招至接二连三的抢劫，那才真是怪事。

这些因素有助于解释，为什么在9世纪50年代以后有那么多的袭击者攻击欧洲各国，以及为什么随意的抢劫让位于征服和移民的政策。他们似乎有两条主要路线：一条绕道苏格兰北方到达爱尔兰西部，继续南下；另一条到英格兰的东、南海岸和高卢。因此，对爱尔兰、苏格兰、威尔士和康沃尔进行袭击和移民的主要是挪威人，而那些侵入英格兰和高卢的则主要是丹麦人。

865年，丹麦“大军”由哈夫丹（Halfdan）和“无骨人”伊瓦尔（Ivarr the Boneless）率领，在东盎格利亚登陆。在那里逗留了几个月后，“大军”转而北上，进入正因为王位争夺而分裂的诺森布里亚，并于867年攻占约克。争夺王位的双方均战死，于是丹麦人把自己指定的人立为国王，将诺森布里亚变为了附属国。丹麦军队接着挥师进入麦西亚，但在遇到抵抗之时，却没有与之交战，而是撤回约克，并在869年再一次侵入东盎格利亚。东盎格利亚人战败，国王埃德蒙（Edmund，他不久将被尊奉为殉难者圣埃德蒙）战死。3年之内，曾经强大的诺森布里亚和东盎格利亚两个王国都已不复存在。

870年，丹麦军队在雷丁驻扎并准备进攻韦塞克斯。但这里组织起了更加有效的抵抗。艾克伯特死后，西撒克逊人由他的儿子艾特尔伍尔夫（Æthelwulf）统治。这是一位很有能力的国王，他制定了良好的计划，使4个儿子能够按照年龄顺序和平地继承王位。当维京人入侵之时正是他的第三个儿子艾特尔雷德在位；其弟弟兼继承人的名字，阿尔弗雷德，将成为盎格鲁–撒克逊历史上最伟大的名字。

正是艾特尔雷德和阿尔弗雷德共同率领的联军在伯克希尔丘陵地带与丹麦军队交战，使其第一次遭到惨败。但英格兰军队的胜利只是暂时的。丹麦人撤回雷丁，但几乎马上又开始了进攻，并在贝辛斯托克附近击败了艾特尔雷德和阿尔弗雷德。871年4月，一支新的丹麦军队登陆。对韦塞克斯的入侵似乎迫在眉睫，而守军却无从求援。在这场危机中，艾特尔雷德去世，其弟弟成为西撒克逊人的国王。

阿尔弗雷德

所有人都知道，阿尔弗雷德大王（871—899年在位）在似乎是毫无希望的危机中拯救了英格兰。当时的人却不大会持有这样的观点。至少从政治的角度看，“英格兰”当时还没有多大意义。现知最早使用盎格勒沁（*Angelcynn*，字面意思是，英格兰人［的土地］）一词的正是阿尔弗雷德本人，而英格拉兰（*Englaland*）这个词直到一个世纪以后才出现。其他王国愿意接受西撒克逊的控制，或者宁愿选择它而非丹麦人，并不是预料中的必然结果。它们很可能会选择自己的国王，而且英格兰内部的对手、流放者或心怀不满的帮派向丹麦人求助的危险也时刻存在着。其他王朝的覆没并不能使阿尔弗雷德理所当然地成为所有英格兰人的国王，他和他的继任者们是通过综合运用军事胜利、外交手段和好运才达到这一目的的。

阿尔弗雷德的统治在非常严峻的形势中开始，并在一年中遭受了一些小失利，此后他只得花钱媾和。丹麦人在5年的时间里没有再骚扰韦塞克斯，在此期间他们入侵麦西亚，驱逐了国王伯格雷德（Burgred），并用他们自己指定的人取而代之：第三个古老的王国永远地消失了。这时丹麦大军一分为二，其中一支由哈夫丹率领北上，为了在那里永久居住而开始分割约克郡。另一支由格思鲁姆（Guthrum）、奥西特尔（Oscytel）和阿嫩德（Anund）率领南下，在875至876年间再一次对韦塞克斯发动进攻。起初，他们进展不大；877年他们再一次撤退去瓜分麦西亚，并分出一支军队前去征服林肯郡、诺丁汉郡、德比郡和莱斯特郡。

因此，于878年第三次进攻韦塞克斯的是一支大为削弱的军队。但对奇彭纳姆的突袭使他们占了上风，威尔特郡和汉普郡的大部被占领，而阿尔弗雷德被驱逐到萨默塞特郡的沼泽地，在阿瑟尔尼的一个藏身处躲避。他的处境似乎毫无希望，但阿尔弗雷德在要塞里耐心等待有利时机和结集军队。与之年代接近的《年鉴》记录者说，五月初，

他骑马来到“艾格伯特之石”……，在那里萨默塞特郡和威尔特郡的所有男人以及汉普郡的部分男人前来迎接他……他们因为见到他而兴高采烈。一天之后，他从那些营地前往伊利沃克，第二天到达艾丁顿，在那里他与整个丹麦

军队作战，将他们打得落荒而逃。

胜利来得十分突然，但却具有决定性意义。丹麦首领格思鲁姆和他手下几位将领接受了洗礼，两位国王签订了和约，承认丹麦人占领大片英格兰领土的既成事实。双方疆界大致从伦敦向西北延伸到中部地带的西北部；格思鲁姆须将其全部军队撤到这条线之外，在那里他被承认是一个独立王国的国王。到880年秋，丹麦人已经撤离了韦塞克斯和麦西亚西部，并且已经在东盎格利亚有条不紊地开始了永久性定居。

这并非冲突的结束。886年，阿尔弗雷德攻占了伦敦，那很明显是发生在他击败一支守军之后。893年，一支丹麦大军在泰晤士河河口登陆，并在随后3年里横扫英格兰，但这一次没有对韦塞克斯产生什么影响。在这之前，阿尔弗雷德一直在忙于确保自己王国的安全，同时也在加强他在丹麦防线以西和以南其他地区的权威。对于前一项任务，他似乎增强了他的陆军和海军。长期以来，国王们有权根据以海得计算的土地面积进行征兵。阿尔弗雷德重新组织了军队，根据他的改革，在任何时期都只有一半的军队在服役；他的重组预示着未来的“优选兵”（*select fyrd*）或者说民兵的出现。重组很可能已经产生出一支规模较小但更为有效的军队。很明显，打击跨海而来的袭击者的一个最好方式就是拥有更多的舰船，据说阿尔弗雷德建造的战船比维京人的大得多，每只船上有60支甚至更多的桨。

在他的活动中最重要的一项——毫无疑问正是这一项使韦塞克斯的内地免遭进一步的袭击——是建立在麦西亚先前的成就之上，比如塔姆沃斯和赫里福德[1]。到9世纪80年代后期，韦塞克斯受到由公共要塞组成的防御体系的保护，其中几个要塞有很规则的街道网，因此只能被看作是规划有序的设防城镇。一份名为《要塞及其土地》[2]的文献中列出了30个这样的设防城镇（*burhs*），另外还有3个可能是后来增添的。也许最著名的例子是

1 塔姆沃斯（Tamworth）和赫里福德（Hereford）原是麦西亚建造的要塞，后发展为城市，现分别在斯塔福德郡（Staffordshire）和赫里福德郡。

2 《要塞及其土地》（*Burghal Hidage*），据学者们考证，被认为是10世纪初的文献，上面列出了33个设防城镇，或者说要塞，以及它们拥有的土地，从最多的2400到最少的100个海得不等。这些要塞大多数由阿尔弗雷德建造。

温切斯特，在它那罗马时代的城墙里，人们不顾原来的罗马街道，规划出新的街道网。同样的直线型街道网在牛津、奇切斯特、韦勒姆和其他一些地方也可以看到。市镇规划非常有序，建筑师们在规划街道时使用的似乎是一种标准的66英尺测量仪。比较大的设防城镇并不仅仅是要塞，它们很快就在当地农业经济中发挥起重要作用。要塞驻防和维修的负担按以海得计算的土地量分摊到周围的土地所有者身上，他们可以根据自己的需要使用防御体系内的区域。他们经常在设防城镇内建造“镇内房屋”来储藏他们用来销售的农产品:《末日审

图6　阿尔弗雷德之宝石。该宝石在阿尔弗雷德的藏身处阿瑟尔尼附近发现，上面刻有“我乃阿尔弗雷德命人所造”，而且几乎可以确定它属于这位国王。它用黄金、水晶和珐琅制成，体现了西撒克逊王室的财富。

判书》[1]记载了城镇住宅与农村封建采邑之间的几种关联。商人和手工业者随即出现，于是9世纪后期的军事要塞在10世纪后期和11世纪成为繁荣的市镇。军事防御碰巧与成长中的经济需求相一致，这样阿尔弗雷德无意间在几个现代城镇的道路系统中为自己留下了永恒的纪念。

与其前任们和后继者们一样，阿尔弗雷德享有明主的佳誉，这对他极为有利。这样，那些自由的（即西部）麦西亚人可以从接受他的统治中看到自身利益，而由阿尔弗雷德的女儿艾特尔弗拉德（Æthelflaed）与麦西亚领袖艾特尔雷德之间的婚姻造就的坚固同盟将那个古老王国的剩余部分永久地纳入了西撒克逊的势力范围。“麦西亚人之主与后”同阿尔弗雷德及其子通力合作，特别是在他们对丹麦人的联合进攻中，更是如此。如果说阿尔弗雷德比他之前的任何人都更为真实地是“英格兰人之王”的话，那并非仅仅是借助于军事势力或者是因为他的对手们都已经消失：人们真诚地拥戴他是因为知道他和他的家族是公正

1 《末日审判书》（*Domesday Book*）是征服者威廉在1086年进行的英格兰历史上史无前例的全国人口、土地、财产大普查的资料汇编，具有极高的文献价值。

而体恤臣民的统治者。

损害与修复

但丹麦人问题和他们造成的损害仍然存在。损害中的一部分是无法弥补的：现在无论发生什么，比德和奥发的世界已经永远地消失了。丹麦大军的规模可以争论，但不可否认的证据是，3个王国已被消灭，许多主教教区被打乱，无数的修道院遭到抢劫，英格兰东部大片地区的土地证书和其他文献资料几乎全部丧失殆尽。修道院遭受的破坏也许最为惨重，因为那些大修道院曾经是学术与文化的宝库，而小修道院在农村地区则仍然主要负责宗教关怀。

在丹麦法区域（英格兰东部和东北部地区后来的称呼），丹麦士兵们很快就建立起了他们自己的社会。在约克郡、林肯郡、莱斯特郡等地到处都是以-by、-thorp和其他斯堪的纳维亚语成分结尾的地名，在东盎格利亚虽然较少一些，但情况也类似。虽然这反映的与其说是剧烈的动乱，如人们曾经认为的那样，还不如说是逐渐的社会变化（随着更多地以地主为基础的社会结构的发展，英格兰人的居住地带也经历了重新命名的过程），但这无疑表明，讲丹麦语的族群已经是多么全面彻底地定居在这一地区。即使在丹麦法区域皈依基督教和被置于英格兰的统治下之后，它仍然保持其特有的社会组织、土地测量和法律传统。调和一个统一王国的要求与那些和英格兰人的风俗习惯大相径庭的传统令10世纪的国王们颇感棘手。

英格兰急需读写能力和学术上的复兴，为此，阿尔弗雷德在他最后的10年里全力以赴。与查理曼一样，他通过朝中的知识分子群体来完成他的教育计划。从某种意义上说，阿尔弗雷德自己对这一事业的贡献是他最杰出的成就。他是亨利八世（Henry VIII）之前唯一著书立说的英格兰国王。由于对手稿的毁灭和学术的衰败深感痛惜，他学习拉丁语，把书籍译成英文，以利于他的臣民们学习。在其所属圈子翻译的大量书籍中（其中特别引人注目的是比德的《教会史》），有几种现在几乎可以被认定是出自阿尔弗雷德的手笔。人们相信，我们现在看到的《盎格鲁–撒克逊年鉴》最初也可能是在阿尔弗雷德的朝中编纂的。尽管他将民族语言的读写贬低为第二位，但阿尔弗雷德时代文艺复兴最杰出的方面恰恰是以普通人的语言为基础：它预示着即将来临的商业、政府、法律和英语书面文学的发展方向。阿尔弗雷德是幸运的，未来的事件使他如此众多的各类计划得以成功。但即便如此，他仍然是英格兰早期历史上的杰出人物。

英格兰王室

年长的爱德华（Edward the Elder，899—924年在位）、阿特尔斯坦（Athelstan，924—939年在位）和埃德蒙（939—946年在位）三朝主要致力于收复丹麦法区域。那半个世纪是全国统一王权的形成期。部分因为阿尔弗雷德对王位继承的精心安排，部分因为一些幸运的机遇，王朝仇杀得到避免。902年，爱德华那位寻求丹麦人支持试图争夺王位的堂兄战死，避免了一场危险的分裂。由于阿特尔斯坦既是韦塞克斯王位的合法继承人，也曾在他那位嫁到麦西亚的姑妈家中接受教育，他于924年顺利即位。到10世纪中叶，麦西亚已经没有什么机会复辟旧王朝，至于其他王国，则更没有希望。韦塞克斯王室已经是英格兰王室。

爱德华在位时期的战争主要是与其妹妹，麦西亚的艾特尔弗拉德合作，由国王自己亲自指挥。当丹麦人在910年对麦西亚的袭击被击败之后，英格兰人开始进攻。在随后的8年中，爱德华深入到丹麦法地区，而他妹妹则把丹麦人拖在麦西亚前线，使之无暇他顾。艾特尔弗拉德现在受到来自两个方向的威胁，因为来自爱尔兰的挪威维京人已经开始攻击西海岸。她的主要成就是新建了一系列麦西亚要塞：在东部前线对付丹麦人，在西部前线防御威尔士人，在西北面则阻止挪威人从迪伊河和默西河对塔姆沃斯的袭击。917年，艾特尔弗拉德攻占德比，使爱德华能在敌军无暇他顾之时乘机入侵东盎格利亚。不久，所有南部丹麦法区域都落入爱德华之手，虽然一些孤立的丹麦军队仍然坚守着斯坦福、莱斯特、诺丁汉和林肯。艾特尔弗拉德攻占了莱斯特，但她不久死去，使得爱德华在尽力控制麦西亚之时不得不停止进攻。他随即迅速回师，夺取了斯坦福、诺丁汉和林肯；到920年底，英格兰的边界在亨伯河固定了下来。

同时，爱德华也在与那些非英格兰人的邻国建立联系。918年，他接受了格温尼德和代菲德两个威尔士王国国王的“归顺”。《年鉴》说，在923年，“苏格兰人之王和整个苏格兰民族接受他为父亲和君主；雷格诺德（Raegnald）和艾德武甫（Eadwulf）的儿子们以及诺森布里亚的所有居民，不论是英格兰人还是丹麦人，挪威人或者其他人，也是如此；同时还有斯特拉斯克莱德的威尔士国王及其所有臣民”。这些还只是一系列此类“归顺”的开始，其高潮是973年那非凡的场面：8个“不列颠国王”对爱德华的孙子埃德加（Eadgar）宣誓效忠，并陪同他在迪伊河上乘船游览。

必须强调的是，这些只是他们个人对这些国王的归顺：只涉及到接受其领主地位和受其保护，而非永久放弃独立。实际上，苏格兰和威尔士这时都正在朝内部统一的方向发展。大约在850年，苏格兰国王肯尼思·麦卡·尔平（Kenneth Mac Alpin）吞并了皮克特王国；在随后的两个多世纪里，苏格兰在苏格兰人（相对于皮克特人而言）统治下发展。在威尔士，从9世纪末开始，政治形势由于格温尼德的突然扩张而改变，小王国中只剩下代菲德。盎格鲁-撒克逊人从未征服苏格兰和威尔士，而且在

1066年[1]之前，它们中都有一个当地的王国已经发展成为主要强国。尽管如此，威尔士还是深受英格兰和维京人的影响。

在10世纪，那些争夺不列颠领土的群体中有一个新来者——来自爱尔兰的挪威人。他们并不喜欢丹麦人，而且他们的主要目的就是夺取丹麦法区域北部的控制权。918年，由雷格诺德率领的一支军队进攻苏格兰，在诺森布里亚建立基地，第二年攻占了约克，雷格诺德在那里登基称王。挪威人的王国一共存在了35年，尽管有时被中断。在那期间，商贸获得发展，约克和都柏林这两个挪威人城市扩展迅速。约克的考古发掘发现了街道，两边是最初由丹麦人建造、后来由雷格诺德的手下进一步发展的原木房屋和商铺。在阿特尔斯坦和埃德蒙两个王朝，比起丹麦人，挪威人是更主要的敌人。

920年，埃德蒙接受了雷格诺德的效忠，因此也承认了他的地位。但当一个新的挪威人国王在926年试图夺取其继承权时，阿特尔斯坦发动进攻并攻占了约克，摧毁

1　1066年，诺曼人在征服者威廉率领下渡海征服了英格兰，结束了英国历史上的盎格鲁—撒克逊时代。

地图2 10世纪的英格兰

了它的防御体系，接受了苏格兰和斯特拉斯克莱德国王们的归顺。正是从927年起，阿特尔斯坦才能真正被看作是“英格兰人之王”。6年后，阿特尔斯坦与苏格兰人的关系破裂。由于害怕遭到入侵，英格兰人的各种对手结成联盟。但在937年，英格兰军队在阿特尔斯坦的指挥下打败了挪威人、苏格兰人和斯特拉斯克莱德的威尔士人的联军。[1] 作为英格兰人和丹麦人的国王，而且在某种意义上还是不列颠人的超级领主，阿特尔斯坦的势力现在达到了顶峰。他得到外国势力的尊重，并且与法兰西和日耳曼王室家族结成婚姻联盟。他的诏书表明，威尔士君王们经常出现在他朝中；阿特尔斯坦时期的代菲德国王海威尔·德达（Hywel Dda）还模仿英格兰银币铸造货币，并且根据英格兰法典颁布律法。

然而，这一切在很大程度上仍然取决于国王的个人因素。阿特尔斯坦于939年死去，此后不久，一支由奥拉夫·格思弗里思逊（Olaf Guthfrithson）率领的挪威军队回师英格兰。新国王埃德蒙被迫承认奥拉夫为约克及其附属

1　这场决定英格兰命运的战役发生在布鲁南堡（Brunanburg），古英语史诗《布鲁南堡之战》描写和歌颂了这一重大胜利。

地区的国王。奥拉夫死于941年，在随后的4年里，埃德蒙夺回了丹麦法区域的北部并劫掠了斯特拉斯克莱德。在一首同时代的诗里，埃德蒙被描绘成把丹麦人从挪威人的压迫下解救出来的解放者：阿尔弗雷德的敌人的曾孙们宁愿与英格兰国王而非他们的斯堪的纳维亚同伴联系在一起。但在947年，即埃德蒙死后刚一年，约克再一次落入一个挪威国王血斧王埃里克（Eric Bloodaxe）之手。随后的6年中出现了埃里克、英格兰新国王艾德雷德（Eadred）以及一个挪威对手奥拉夫·西特里克松（Olaf Sihtricson）之间错综复杂的斗争。954年，艾德雷德入侵诺森布里亚，这一次是最终解决，最后一位约克国王被赶走并随即被杀死。

全国统一王权与地方政府

经过近50年的复杂战争，韦塞克斯王室已经获得了胜利。稳固的埃德加王朝（959—975）证明，已经建立起来的不仅仅是军事力量。埃德加并不是一个征服者，有一位历史学家写道："他在历史上的作用是维持先前的国王们已经在英格兰建立的和平。”但这绝非微不足道的成就：这个王国还年轻，正是通过埃德加，后期撒克逊王权的主要发展才成为引人注目的焦点。

从阿特尔斯坦开始，国王们更加频繁地颁布法律，并使之细化。这些法律包括广泛的内容——维护和平、打击盗贼、教会等级、商人的行为与市场活动，这些还仅仅是一小部分。其中强调的一个重点是统一：埃德加的法典虽然考虑到地方习俗，特别是丹麦法区域的风俗习惯，但它坚持认为，“世俗法律将像最完美地制定的法典那样对待每一个人”。国王们以加洛林王朝的范本为基础（在这一点上以及在其他许多方面都是如此），培养起一种公共和平的观念，国王的作用是将其付诸实现，而所有臣民的义务是维护和平。王国政府法令的证人名单中记载了定期举行的较为大型和正式的王室会议（*witenagemot*，字面意思是“智者会议”）。虽然无论从什么意义上看，它都不是代表会议或“议会”，但这却是讨论严肃的公共事宜，比如选举国王和颁布法律的场合。英格兰的王权，不论是其广度还是深度，都超过了10世纪欧洲任何其他大小相当的国家。

国王的意志通过一个大为改善了的地方政府体系得以执行。在10世纪，英格兰的地方差异被不断弱化并被纳入一个统一的“郡”[1]制框架中。其中一些郡已经存在了一个世纪甚至更长的时间，而且许多是以更为古老的疆界为基础。但主要是在埃德加及其继任者的统治时期里，英国郡县制得以固定下来，直到1974年，长达一千年。这些郡由一批主要的有财有势的人，即郡长们来管理。在9世纪的韦塞克斯，每一个郡有一个郡长，但似乎是从阿特尔斯坦统治时期开始，郡长的数量逐渐减少，而其地位则随之提升。到埃德加时代，郡长变得不那么像一个地方官员，而更像他的继任者，即11世纪的郡主。不过，埃德加仍然与他管理下的那些郡政府保持着定期联系。

出于法律和管理方面的考虑，郡被划分为更小的行政单位，在大多数县里它们被称为“百户邑”，而在丹麦法区域则被称为“小邑”。每一个百户邑有自己的行政机构管理地方事物，并且负有提供士兵和水手的义务，其人数

1　古代的“郡”（shire），即现在的县（county）。

以百计算。但这还不是阶梯的底层：为了法律的实施，当地人口被划分为组，每组包括10户相互关联的家庭，或者说“耕作单位”。王室政府的权威通过一个非常复杂的系统传达到每一个农民。在10世纪，很难说有多少东西是新的。百户邑的基本原则出现在早先的法典里，而且后来的撒克逊百户邑往往或者通常是以过去的地界为基础。但是，这一制度被阿尔弗雷德的继任者们进一步合理化和加以改进，并在埃德加时代以明显高度发展了的形式出现。

王室力量的另一个标志是铸币。甚至在阿尔弗雷德之前，韦塞克斯和麦西亚的国王们以及坎特伯雷大主教已经就银币作为标准流通货币达成了一致意见。阿特尔斯坦在924至939年间颁布的诏书下令：“统一的硬币制度将在全国流通”。他和他的继任者们在维持硬币的大小和分量上非常一致，所有的硬币都是由受到严格控制的铸币人在各要塞城镇以及其他一些中心地区铸造。大约在937年，埃德加设计了一种新的硬币，它被定期翻新，直到诺曼征服之后很长一段时期还仍然是英格兰货币的基础。硬币优秀的质量表明，铸币受到一定程度的监控，那在当时的欧洲也是独一无二的。

修道院改革

埃德加的一项个人成就是鼓励修道院改革。在10世纪初期的英格兰，本笃会修道院制度似乎已经濒于死亡，几座规模巨大的修道院和无数小的修道院已经被丹麦人摧毁，而那些得以幸存的，其生活方式则趋于世俗化。许多修道院的神甫们同他们的妻儿居住在单独的房屋里，在日常生活中，他们不像修士，而更像是大教堂的教士。对英格兰修道院体制的成功重建需要可供模仿的榜样，当然也需要钱。欧洲伟大的改革运动提供了前者，英格兰的改革在本质上是它的组成部分；而后者则由埃德加和他的贵族们提供。三位贵族出身的教会人士，圣邓斯坦（St Dunstan）、圣艾塞尔沃尔德（St Æthelwold）和圣渥斯瓦尔德（St Oswold），是把大陆上的观念介绍到英格兰修道院的主要人物。

自阿尔弗雷德起，西撒克逊国王们对严格的隐修制度就已经表现出兴趣——虽然还仅仅是作为几种可以接受的宗教生活方式之一——而且正是通过王室的赞助，有两个修道院在10世纪40年代进行了改革：邓斯坦改革了格拉斯顿伯里，而艾塞尔沃尔德改革了阿宾顿。埃德加的异乎寻常之处在于，他能全心全意地接受改革者们那种排他的、“彻底的修道院”立场，其中那个极端而好斗的艾塞尔沃尔德尤其如此。从10世纪60年代起，随着邓斯坦、艾塞尔沃尔德和渥斯瓦尔德被任命到坎特伯雷、温切斯特和伍斯特主教区，一个由王室推动的改革运动的坚实平台出现了：到这个世纪末，在格拉斯顿伯里、阿宾顿以及渥斯瓦尔德在韦斯特伯里-昂-特里姆的修道院的影响下，有近50所修道院得以重建。

经过改革的修道院里修士们的生活方式遵循圣本笃（St Benedict）订下的教规，在仪式上精心发挥，而日常生活则与大陆上的方式一致，其影响主要来自低地地区的根特和卢瓦尔河上的弗勒里，邓斯坦和渥斯瓦尔德曾分别在那些地方学习过。大约诞生于970年的《修道院规章》[1] 集中了各种传统，成为了所有英格兰修道院遵守的规则。由于英格兰有全欧洲最强有力的君主，国王在

1 《修道院规章》（*Regularis Concordia*，即*Monastic Agreement*）是由艾塞尔沃尔德在来自根特和弗勒里的修士们的协助下制订的，它集中了欧洲大陆各地修道院的惯例。

图7　温切斯特新教堂创建证书上的埃德加国王像，日期为966年。这是手稿插图中的温切斯特派最精美的代表作之一，它表现了王权与修道院大改革运动之间的密切关系。

推动运动和支持改革后的修道院方面发挥的作用比在大陆上的改革中更为显著。不过，大贵族们也对改革运动大量投入，建立修道院再一次成为在社会上深受尊敬的行为。

新的修道院十分富有，深受尊重，而且拥有大量珍宝和辉煌的建筑。文学资料暗示出，在埃德加时代的英国艺术是多么丰富多彩。有一些包含精美插图的书籍得以保留至今，但黄金、珐琅和象牙饰品只流传下一些残片，而那些主要建筑却几乎全都已经荡然无存。命运没有青睐盎格鲁–撒克逊时代后期的建筑，所有那些最宏伟的教堂都在诺曼征服之后被重建。温切斯特的修道院教堂在10世纪被扩建，长度达250英尺，边上有附属小礼拜堂和精巧的西方塔楼，墙上还有雕刻和彩绘的装饰带。但必须强调的是，这场精神和物质上的复兴仅仅触及到那些古老社区中的一小部分（很可能不到十分之一），其他地区依然照旧。于是，在诺曼征服时期，本笃派修道院与数目不详的——很可能有数百个——世俗小教堂共同存在，那些小教堂是前维京时代教堂的遗留。

如果说新的修道院制度在很大程度上受益于欧洲大

陆，那么它同政府与社会之间的关系则大体上显然是英国式的。到1000年时，大多数英国主教都是修士，而且在国王的政务会议上，主教们和修道院院长们同世俗政要一道认真商讨问题。非凡的教会人士属于最后几位盎格鲁-撒克逊国王们最杰出的顾问之列。同样，对一个注重其王位之神圣性质的国王，教会改革也为他增添光环。埃德加在973年举行的加冕礼是被推迟到他30岁之时，那是神职人员被授予圣职的最低规定年龄。其加冕典礼的高潮不是戴上王冠，而是施涂圣油，使他具有近似神甫的地位，从而不受凡人的评判。正如劝诫文作者，恩舍姆的埃尔弗里克（Ælfric）所说："没有人能使自己成为国王，只有人民才有选择他们最满意的人为王的自由意志。然而一旦他加冕为王，他就拥有统治人民的权力，而他们却不能把他加在他们身上的枷锁除去。"温切斯特新教堂创建证书的扉页画表明了埃德加希望人们如何看待他：头戴王冠，站在两个圣徒之间，向上天之主敬献祭礼，国王们正是凭借他的权威进行统治。

第六章

艾特尔雷德与克努特：英格兰君主制的衰落

随后的两朝将向我们表明，英格兰的西撒克逊王权仍然有很大的局限性。当埃德加在975年去世之时，朝中派系以他的两个青年王子为中心分为两大派。爱德华（“殉难者”）即位，但不久被谋杀，为其弟弟艾特尔雷德所取代。这样的开端，正好符合一个不幸王朝的状况。“准备不足的”艾特尔雷德（Æthelred “the Unready”，978—1016年在位）一直受到人们的苛评（虽然他那著名的绰号已经失去了它本身的意义，它本来包含一个双关语：Æthelræd Unræd，即“高明的建议，没有建议”，“Noble-Counsel No-Counsel”）。他很可能的确缺乏对于一个国王来说仍然十分重要的素质：把信任放到正确的地方而同时又从其他方面获得信任的那种能力。另一方面，在学识渊博的大主教伍尔夫斯坦（Wulfstan）的指导下，法律与司法在艾特尔雷德统治时期继续发展。如果不是出现了新的问题——维京人的重返——英格兰王国有可能像在埃德加时代一样团结完整。

艾特尔雷德

新来的袭击者们比他们那些9世纪的祖先们更为危险。到10世纪70年代，在控制了丹麦和挪威之后，丹麦国王蓝牙哈罗德（Harold Bluetooth）正在创建一支由训练有素的职业军人组成的令人生畏的军队。988年，哈罗德被他的儿子斯维因（Swein）废黜。斯维因保持着父亲的军队，并兴建了一些大型要塞供其驻扎。其中一个这样的要塞已经在丹麦的特雷勒堡被发掘出来。它包括一个巨大的圆型土制工程，包围着成群的规模不小的船型厅堂，全都安排得像数学般精准。特雷勒堡和丹麦传说都暗示出一种让英国军队感到难以匹敌的良好配合与纪律。

在艾特尔雷德登基后的一两年内，入侵就开始了。起初，进攻的规模还比较小；但在991年，一支强大的丹麦军队在马尔顿打败了拜尔特诺思郡长（Alderman Byrhtnoth）及其率领的埃塞克斯民兵，[1]在索取了一大笔赔偿金后才离去。同样的模式在994年、997年和1002年的大规模袭击之后反复出现。正是因为这些赔偿金，艾特尔雷德王朝现在才如此臭名昭著。在斯堪的纳维亚发现了大量艾特尔雷德时斯的硬币，还有一些瑞典人的墓碑记述了雇佣军人的事迹，他们曾前往英格兰，因为获得勒索的钱财而致富。在10世纪90年代，如同在1066年一样，英格兰的财富也正是其灾难的根源。

艾特尔雷德如何应对？一个措施是阻止邻国庇护维京人；由于地理上的原因，年轻的诺曼底公国是这类邻国中最主要的国家。诺曼人同他们自己的维京人祖先仅几代之隔，他们有时为那些袭击英格兰后返回的维京人敞开港口。但在991年，国王艾特尔雷德同理查德公爵（Duke Richard）签订了一项条约，相互约定反对协助对方的敌人。10年之后，艾特尔雷德娶了公爵的女儿为王后。这就开始了英格兰和诺曼底之间的重要联盟。

1 古英语史诗《马尔顿之战》描写了盎格鲁-撒克逊人这场英勇而悲壮的战斗。统帅拜尔特诺思战死，其坟墓现在剑桥附近的伊利大教堂。

到此时，国王的国内政策似乎仍与以前各任国王的政策没有太大差别。他继承了一个强大而地位稳固的贵族阶层，他早期发布的证书表明，同埃德威格（Eadwig）和埃德加曾经做过的一样，他以赏赐土地的方式获取支持。但从1002年开始，维京人的威胁日益严重，暴露出王权中的一个根本弱点。国王的土地，而且很可能还有他的普遍活动，都还仍然主要集中在韦塞克斯。他用来在北部和东部收买支持的资源非常有限，而那些地区恰恰是他最需要收买支持的区域。那里还存在分裂主义倾向，而且还有许多人仍然记得他们的丹麦血统。艾特尔雷德后来颁布的证书表明，他的资助转向中部地带和英格兰东部，那些并非来自韦塞克斯的新人变得地位显赫。国王在竭尽全力保持英格兰的统一和进行防御。他的无能可能使这一使命变得更为困难，但没有人会认为它轻松。

1002年，艾特尔雷德及其政务委员会下令屠杀所有居住在英格兰的丹麦人，这反映出了政府感受到的巨大压力。这项非同寻常的命令不可能完全得到执行——在有些地方，人口的大多数是丹麦人——但它暗示出一种接近全国性的歇斯底里的状况。我们知道，当牛津地区的丹麦人躲避到圣弗里德斯威德修道院的教堂中时，市民们纵火将其焚毁。几乎可以肯定地说，这场屠杀导致了国王斯维因在第二年率领丹麦人入侵。斯维因劫掠了诺里奇，但他在东盎格利亚的战役中损失惨重，于1005年退回丹麦。第二年，他率军重返英格兰，横扫伯克郡、威尔特郡和汉普郡，英格兰只能再一次付出巨额赔偿金使其退军。在随后的间歇时期，英格兰政府建立了一支新的舰队，但在1008年初，由于一位英格兰舰长的叛国行为，其中80艘舰只被焚毁。这场灾难之后，紧接着，又一支丹麦军队登陆，由高大的托克尔（Thorkill the Tall）和赫姆明（Hemming）率领。1009年，他们纵火烧毁牛津，并随即进军东盎格利亚，次年他们从那里入侵肯特。1012年，托克尔对他的军队残忍杀害大主教艾尔夫赫亚克（Archbishop Ælfheah）深感憎恶，因而投向英格兰一方，这一场军事行动也因此出人意料地结束。他率领45艘舰只为艾特尔雷德效力，其余的军队则撤离英格兰。

现在，英格兰防御力量的虚弱对所有人来说都已是显而易见，而当斯维因于1013年重返之时，其目的是征服英格兰。由于对艾特尔雷德政府感到失望，丹麦法区域的人们欢迎一个丹麦国王，所以他们几乎立即就接受了斯维因。到当年年底，他已经攻占了牛津、温切斯特和伦敦，而艾特尔雷德已经出逃，流亡到了诺曼底。1014年2月，斯维因去世，他的儿子哈罗德继承了他在斯堪的纳维亚的帝国，而在英格兰的丹麦军队却拥戴哈罗德的弟弟克努特（Cnut）为他们的国王。这时，艾特尔雷德已经返回英格兰，当年春天，他已在布置针对丹麦人的进军。克努特对此毫无准备，只得撤回丹麦。1015年，他率领一支更强大的军队返回，这时他发现艾特尔雷德的儿子铁边埃德蒙（Edmund Ironside）已经控制了丹麦法区域的北部。在随后的几个月里，克努特夺回了诺森布里亚并向伦敦进军。但就在丹麦军队到达之前，艾特尔雷德去世，埃德蒙被宣布为国王。然而，即使在韦塞克斯也有许多人没有反抗就接受了克努特的君主地位。埃德蒙结集起他的军队，一时间丹麦人似乎仍然有可能被赶回去。但在1016年秋，克努特在埃塞克斯的阿兴顿取得了决定性胜利。随后签订的条约使埃德蒙只剩下了韦塞克斯，他不久死去，克努特于是成为了全英格兰的国王。

克努特

国王克努特（1016—1035年在位）不得不应对的问题与50年后国王威廉遇到的问题相似。与威廉一样，克努特决心不以征服者，而是以合法的英格兰国王的身份进行统治。他娶了艾特尔雷德的遗孀为妻，而且以残酷的手段确保了他的王位：有好几位英格兰政坛的领袖人物被杀。当王位稳固之后，克努特满怀热情地采用了文明王权的传统方式。他颁布法律并创建修道院；用下一个世纪的年鉴编写者的话说，他把自己“从一个野蛮人”改造“为最虔诚的基督徒国王”。然而，克努特仍然是一个丹麦人，当他哥哥在1019年去世之时，他继承了巨大的北方帝国，英格兰只是它的一部分。在11世纪20年代，克努特越来越多地参与丹麦事物，这是他在英格兰的变革相对较少的主要原因，而这最终将酿成大祸。

当然，他的许多追随者都急于得到报偿。英格兰没有像1066年之后那样出现全面取代原来的土地所有阶级的状况，但有大量的丹麦人进入了贵族阶层。作为一个来自国外因而地位不太稳固的国王，克努特保持着一支王室军队，或者说“王室近卫军”，它成为英格兰相当沉重的负担。在向丹麦人偿付钱财以购买和平长达30年之后，土地所有者们现在又不得不出资供养一支丹麦常备军。对10世纪英格兰那高度整合的贵族阶层的摧毁很快对国家的统一产生了严重的后果。

克努特还必须使英格兰政府在他长期呆在国外期间仍能运作。1017年，他将王国分为4个伯爵国：诺森布里亚、东盎格利亚、麦西亚和韦塞克斯。很明显，这是冒着复活地方分裂主义情绪的危险，特别是因为诺森布里亚和东盎格利亚的伯爵都是丹麦人。在他统治结束时，最重要的人物是诺森布里亚的斯瓦尔德伯爵（Siward earl）、麦西亚的利奥弗里克伯爵（Leofric earl，他的妻子是戈黛娃夫人［Lady Godiva］，来自考文垂的名门），以及韦塞克斯的戈德温伯爵（Godwine earl）。戈德温的祖先不明，但到11世纪30年代，他和他的家族已经是国王之下最富有最强大的世俗势力。克努特划分的伯爵国是盎格鲁-撒克逊历史上最后30年中充斥着政治斗争的主要根源。

第七章

盎格鲁–撒克逊王朝的终结

当克努特于1035年去世时，他有几个可能的继任人。韦塞克斯王朝的代表人物是艾特尔雷德的两个小儿子爱德华和阿尔弗雷德，他们这时正在诺曼底朝中，以及铁边埃德蒙的儿子，他这时在匈牙利流亡。克努特有两个儿子，分别出自他的两位妻子：哈罗德由北汉普敦的艾尔弗格芙（Ælfgyfu）所生，而哈撒克努特（Harthacnut）的母亲则是艾特尔雷德的遗孀爱玛（Emma）。克努特曾希望由哈撒克努特来继承他的整个帝国。但当哈撒克努特还滞留在丹麦之时，政务委员会指定哈罗德为摄政王（尽管此举遭到爱玛和戈德温的反对），并于1037年使他成为国王。就在前一年，英格兰王子阿尔弗雷德很不明智地来到英格兰，并在那里受伤死去，幕后指使者是戈德温。在哈罗德于1040年去世后，哈撒克努特被招为王，但他两年之后也

死去，丹麦王室血统就此中断。这时，几乎所有的人都想恢复古老的韦塞克斯王朝。艾特尔雷德的儿子爱德华已在英格兰朝中生活了一年，他于1042年被选举为国王。

“忏悔者”爱德华（Edward “the Confessor”，1042—1066年在位）将注定被圣化为来自英格兰王室的主要圣徒。他的现代传记作者认真考查了隐藏在有关其虔诚的传说故事背后的真实情况后写道：“他不是一个非凡的人物。但他也不是一个圣洁的低能者。同他那个阶层和时代的许多人一样，他只是一个平庸的人。”不论他有什么长处和弱点，他继承了11世纪欧洲最强有力的政府。该政府的力量部分源于它那些古老的机构，部分源于60年来的大动乱。

政府机构

自埃德加时代起，地方政府就已经在发展。一方面，在克努特时代得以巩固的强大的伯爵国使少数几个人在其领地内拥有巨大的权力。一个地位不稳的国王不得不面对来自过分强大的臣民的威胁。另一方面，出现了一个非常

图8 一份加有封印的忏悔者爱德华的诏书，内容为赏赐威斯敏斯特大教堂。

有效的新官职负责在地方上执行国王的政策。在艾特尔雷德统治时期，国王在每个郡的地方执政官（“采邑总管”）中发展出一个“郡总管”或者叫名义郡长。他是国王在郡里的主要执政代理人，而且逐渐获得越来越多的本属于郡长的职责。名义郡长主要负责征收王室财税和合法收益，但他也属于正在成长中的地方乡绅阶层。在郡政府里，他向郡里的绅士们宣布国王的意志，在日常事物中发挥重大作用，并为反对横蛮的政治强人们的行为增添王室权威。郡政府和名义郡长属于盎格鲁-撒克逊时代留给后来的中世纪政府最重要的遗产之一。

艾特尔雷德统治下的英格兰十分软弱，一个高效的税收体制正是由此直接发展而来。10世纪90年代付给丹麦人的巨额赔偿金必须从全国筹措。人们后来将其称为“捐税”，以用海得计量土地的古老方法为基础，按每海得固定的税率进行征收。从1012到1051年，接连几位国王都连年征税，虽然现在是为了维持他们的常备军。为此目的而发展起来的复杂的计量制度是后来“末日审判书”的基础，而且还是11世纪初期英格兰官僚体制效率非凡的表现，诺曼征服之后的诺曼国王们在近一个世纪里继续运用这一体制来征收丹麦捐税。

这一时期还出现了一种新的官方文件：诏书。艾特尔雷德很可能，而克努特则肯定颁发了诏书，但现存最早的诏书原件却是来自爱德华一朝。诏书最早的形式是国王对郡长和名义郡长或者主教的简短通知，告诉他们有关土地的转让，并要求必须在郡政府里昭示。一份典型的诏书内容如下：

国王爱德华向哈罗德伯爵和他的名义郡长托菲（Tofi）以及他所有在萨默塞特的乡绅们致以亲切的问候。我宣布：阿尔弗雷德和平而安详地把卢顿的土地卖给了纪索主教（Giso the bishop）。此事发生在巴勒特，我本人在场，同时在场的还有我妻伊迪丝（Edith）、哈罗德伯爵以及其他许多人。我们也希望这位主教将保有这片土地以及它附带的一切，主教凭法律赋予的权利，如同他以前的所有者们那样，以及主教们一直所做的那样，自由地拥有这一切。如果其中任何东西被不公正地夺走，我们要求那必须归还。

它还把效率同一种证明其真实性的新方法结合在一

起：一块悬挂的蜡封，被用一个保存在王宫里的模子打上了印记。作为所有权证书，诏书为以前的旧式土地证书提供了一种有用的补充，因为旧式证书使用不便而且易于伪造。它们也为国王迅速而清楚地将其意志传达到郡提供了一种方式。征服者威廉很快将使用诏书来发布命令，而且后征服时代那些更为重要的王室文件类型也是由它发展而来。

当下令征税和颁布诏书时，国王都会咨询他的秘书们。如同最迟从阿尔弗雷德开始的那些国王们一样，忏悔者爱德华有一个由神甫组成的文书班子，由一个主要文官领头，他的职务后来发展成为中世纪的国王秘书。他们的任务之一是保存文献记录：盎格鲁-撒克逊后期流传有记载土地所有权、多少海得的面积和应交纳多少税之类非常细化的普查的证据。比德的一些说法意味着，即使在7世纪，诺森布里亚国王们也有足够的准确信息，能以精确的海得数量来赏赐土地，7世纪时，对那些依附于麦西亚的部族和区域进行计量的备忘录保存在现在称为“部族海得制”的文本里。所以我们能确信，9、10世纪的国王们有某种形式的财政记录，虽然还无法确知那究竟有多么详细。到忏悔者爱德华统治时期，王室秘书部门拥有的卷宗列出了各郡和各百户邑的耕地面积，其中有多少王室土地，也许甚至还列出了各采邑的名称、所有者和财富。我们并非从这些文献本身（虽然有几份残篇保存了下来），而是从《末日审判书》获知此类情况。如果相关的官员们没有获得早先时代的清单，1086年举行的大普查[1]就不可能那样迅速和彻底地汇编成册。前征服时代的公众档案散失是很不幸的，但仅仅是关于它们曾经存在过的信息就在相当程度上肯定了爱德华时代行政管理的质量。

社会变革

如果说从阿尔弗雷德王朝到爱德华时代，英国政府发生了巨大变化，那么英格兰社会也是如此。从9世纪中期到11世纪中期，人口和经济迅速增长。现在没有关于在“末日审判书”之前的数据，但文献、考古和地貌方面的证据有力地暗示出，未来英格兰社会的许多方面在那些年

1　指《末日审判书》所记录的大普查。

图9 一幅盎格鲁-撒克逊后期的绘画,画中是一队牛拉着带轮的犁。

代里已开始成形。毫不奇怪，更多的人口意味着更大的城镇。到诺曼征服之时，英格兰已经出现了我们今天能够理解的意义上的城镇：拥有大量集中的人口并且有市场和商人，成群的工匠集中在特别的区域，有行会和章程以及大量的教堂，有些城镇还有迅速扩展的郊区。盎格鲁–撒克逊时代后期的法律条文根据它们被容许拥有多少铸币者来区分商业中心或者说“港口”（并不一定沿海）和大型设防城镇。城镇包括大多数的阿尔弗雷德式设防城堡和许多修道院中心区域，但它们并不局限于那些在古代十分重要的地区。我们甚至不能猜测有多少地方市场，但在13世纪首次出现的大量地方市场也许比它们看起来更为古老。

那些正在涌现的城镇是迅速发展的乡村的组成部分。地貌研究表明，在人口比较密集的区域出现了居住地集中的倾向，分散在各地农场上的居民集结到村庄里。同时，农业生产变得更为复杂和更为合作协调，以至到1066年时，英格兰的许多地区都有“公地”，由混合拥有这些土地的农民共同耕种，因此很可能是遵循各种合作协商的种植模式。土地制度的早期发展情况现在仍具争议，但最早在10世纪，我们能看出中世纪英格兰的开放性田野地带和周围的“林地牧场”区域之间的差异。关于集居形式、农业生产和土地所有这些方面的变化之间的关系，尚有许多问题不能确定，但这一变革过程似乎经历了几个阶段并且一直延续到诺曼征服之后很长一段时期。而且还有迹象表明，有时变革并非自发的发展进程，而是来自上面有计划的安排。农民社会被划分为更多的阶层并被更紧密地整合在一起，而领主们对他们的佃户提出了更严厉的要求。

一个原因是有了更多的封建采邑和采邑领主。除了那些发展滞后的地区，绝大多数的旧式“多重所有领地”到11世纪已经被肢解成面积与现代牧区大致相当的区域。人口增长，种植面积扩大，原来的“广泛”体系中那些组成部分成为了独立的实体。10世纪流传下来的土地证书比8、9世纪加起来还要多，它们中大多数是授予较小单位的土地，而且相对来说，获得者更多的是世俗人员。贵族们安居下来：虽然他们仍然是从军事的角度看待自己，但他们似乎开始显得不那么像武士，而更像是绅士。考古发掘揭示出，到1000年，农村各地散落着采邑庄园，有的还设有防御工事。下层乡绅扩大，成为农村地主阶层；《末日审判书》表明，在1066年英格兰有数百个采邑领主。

这就是大多数牧区教堂出现的社会环境。正如国王和主教们在7、8世纪兴建修道院一样，乡绅们在10、11世纪修建采邑教堂。修道院牧区在缓慢地消亡，在其内部越来越多的采邑正在获得与之竞争的属于它们自己的教堂，由采邑的神甫管理。教区组织发展史上这一关键阶段是渐进和非正规的，在本质上是民间所为。11世纪的教堂实际上是为它们的领主所“拥有”（在诺曼征服之前和之后都是如此），而且它们的作用是由受谁控制而非提供精神指导的角度来决定的：教堂的作用是为领主及其家庭和佃户们的需要服务。我们几乎无法谈论像“堂区制度”这样正规的体系，虽然其原初状况已经存在：1700年的牧区教堂中很可能超过一半都建于1066年之前。

所以，英格兰乡村那些令人熟悉的标志——村庄、采邑庄园、教堂——主要是在盎格鲁-撒克逊后期成形的。对于大主教伍尔夫斯坦来说，后面两项是乡绅身份的正常标志，他在1000年前后写道：“如果一个下层自由民富裕起来，拥有了整整5海得的土地，一座教堂和一间厨房，一架教堂钟和一道要塞城堡门，在王宫里有一个座位和特殊职位，那么他从此之后就配被称为乡绅。”这段著名引文中的“要塞城堡门”引发了一个已无需争论的问题：在前征服时代的英格兰有城堡吗？有一位作者把私人城堡与封建主义等同，并确信后期撒克逊英格兰并非封建社会；他争论说，除社区性设防城镇外，英格兰没有其他的要塞城堡。然而如果一座严密设防的庄园建筑能被看作是城堡的话，那么城堡的存在主要说明，社会已经包括一个以土地为基础、具有相当地位的贵族阶级。实际上，考古发掘现在证明，严密设防的建筑的确存在，而且大约建造于1000至1050年间，结构复杂并被堤岸和壕沟围绕的庄园建筑，在北汉普敦郡的苏尔格拉夫和林肯郡的戈尔索都有发现。这些考古现场表明，撒克逊后期普通乡绅的住宅能同12世纪和13世纪初大多数庄园建筑一样壮观。

战争正在变得更为专业化，因而装备自然也更为昂贵。到10世纪末，一种军事服役制度已经发展起来，根据这一制度，以每5海得为单位，负责为民兵组织（*fyrd*，即militia）提供一名士兵及其装备。这等于承认，不能期待一般的农夫能以他的财力来装备自己，因此也意味着战斗人员的地位得到提升。根据伍尔夫斯坦的说法，5海得是

图10 威斯敏斯特大教堂及其周围区域，约1100年：根据考古发掘、文献资料和现存建筑重现的当年状况（按格姆和波尔1980年原作复制）。前景为修道院大教堂，由忏悔者爱德华所建，毁于13、14世纪。后景为威斯敏斯特大厅，为威廉二世（William II）重建。

对一个乡绅最起码的地产要求，而铠甲和武器也成为乡绅身份的另外一个标志。一个全副武装的后期撒克逊武士并不是一个平民变成的士兵。

到艾特尔雷德统治时期，修道院改革已经失去了动力。斯塔福德郡的伯顿修道院（1004）和牛津郡的恩舍姆修道院（1005）是最后的伟大建筑。因普遍的政治混乱和财力的耗尽，大规模的资助和宏伟建筑的修建很快结束了。但爱德华的虔诚的确促成了一项英格兰空前的建筑项目。大约在1050年，他以与英格兰君主身份相符的规模开始重建在威斯敏斯特的老修道院。在英格兰，建筑艺术发展缓慢，而在诺曼底，在那之前的40年里其发展却蔚为奇观：埃德加时代最优秀的建筑若与在贝尔奈和凯恩的修道院教堂相比，几乎不值一提。所以，为了建造威斯敏斯特大教堂，爱德华把目光投向了诺曼底建筑师，他那最终建成的教堂即使按他们的标准也十分辉煌壮丽和富有创造性，而且很可能也受益于英格兰的装饰传统。多少有点讽刺意味的是，韦塞克斯王室最后的里程碑式伟大建筑竟然主要是诺曼文化的产物。

王位继承问题

盎格鲁–撒克逊历史上最后的年代里起决定性作用的是戈德温家族和王位继承问题。爱德华娶了戈德温的女儿为王后，但到11世纪50年代初，已经很明显，他不会生下一个王位继承人。铁边埃德蒙的儿子爱德华带着他那还在襁褓中的儿子于1057年从匈牙利返回，但随即去世。他年幼的王子埃德加是合法的继位人，但没有人乐于看到一个婴儿坐在王位上的前景。挪威国王马格努斯（Magnus）以及在他之后，他的儿子哈罗德·哈德拉达（Harold Hardroda），都把自己看作是克奴特的帝国——包括英格兰——的继承人。爱德华国王对他们都不可能有多少兴趣，他的目光如果转向什么地方的话，那就是海峡对岸。诺曼底公国的势力和内部组织都在迅速发展，流放时期他曾在那里生活了25年。1035年，罗伯特公爵（Duke Robert）去世，由他的私生子，年仅7岁的威廉即位。我们永远也不会确知，爱德华是否真的答应过将王位交给威廉，但这种说法并非一定不可能。

由于他哥哥被杀害，爱德华从未原谅戈德温，他们之间的紧张关系在1051年达到顶点。爱德华的一个诺曼底朋友在多佛尔被卷入到一场斗殴之中，并有几个人被杀。爱德华命令作为韦塞克斯伯爵的戈德温劫掠多佛尔进行报复。戈德温拒绝并举兵反对国王，而国王则召集麦西亚伯爵和诺森布里亚伯爵率领他们的全部军队前来助阵。冲突得以避免；如时人所说，“他们中有些人认为，如果他们参加战斗，那将十分愚蠢，因为几乎所有英格兰贵族都已来到两个阵营，他们相信，那将使国家洞开，遭受我们敌人的入侵。”戈德温的支持力量崩溃了，他和他的家族外出逃亡。在随后一年里，爱德华增加了朝中的诺曼人，但戈德温在1052年率领一支强大的舰队返回，国王不得不更为顺从。诺曼大主教逃回国内，他的一些同胞也在戈德温的要求下被驱逐。

现在戈德温实际上掌握着最高权力，但他在1053年去世。他的韦塞克斯伯爵爵位的继任人是他儿子哈罗德，他将注定成为最后一位盎格鲁-撒克逊国王。当诺森布里亚的斯瓦尔德伯爵两年后去世时，他的伯爵爵位落到哈罗德的弟弟托斯蒂格（Tostig）手中。由于格温尼德国王格鲁菲德（Gruffydd）的作为，戈德温的儿子们的地位很快得到进一步提升。格鲁菲德最近在威尔士夺得权势，与流放中的麦西亚伯爵爵位继承人结盟，发动了对英格兰的一系列进攻，并劫掠和焚毁了赫里福德。哈罗德与托斯蒂格的联军将格鲁菲德赶回威尔士，并造成了他在1063年的垮台和死亡。有这样的胜利为资本，哈罗德成为了英格兰的杰出人物。尽管他没有王室血统，但他似乎是王位的一个理所当然的候选人。

但在1064年，或者也许是1065年初，哈罗德造访诺曼底公爵威廉。诺曼底资料说，他是以爱德华的使者身份前去确认以前将英格兰王位留给威廉的誓言。关于誓言的说法是诺曼人伪造的这一观点，虽有此可能，但总的来说不太可信。但还有第三种解释，那就是制造贝叶挂毯[1]的艺术家们也许想偷偷告诉我们的：哈罗德不幸落入威廉手中，被迫起誓，十分丢脸地回到深感震惊的爱德华国王那里。不论哪一种说法是真实的，当时许多人都相信威廉不仅有势力，而且有合法的权利。

1 著名的贝叶挂毯（Bayeux Tapestry）可能织成于12世纪，长231英尺，宽20英寸，上面绣有诺曼人征服英格兰的故事，现存于法国贝叶博物馆。

诺曼征服以及随后时期

最后两年的事件发展迅速。1065年，诺森布里亚爆发了反对托斯蒂格伯爵的叛乱。哈罗德出面调停，但当地人仍然坚定地支持他们提出的人选：托斯蒂格出逃，于是成为他哥哥的敌人。1066年1月5日，爱德华国王去世。紧迫的军事形势的需要压倒了法律，政务委员会选举哈罗德为国王。对于他的两个成年对手而言，那无疑是一个信号。挪威的哈罗德·哈德拉达首先行动：在流亡中的托斯蒂格的协助下，他在夏季入侵诺森布里亚并占领约克。这时哈罗德正在等待预料中的来自诺曼底的入侵，他被迫挥师北上。9月25日，在约克附近的斯坦福桥，他与挪威军队相遇并将其击败。哈德拉达和托斯蒂格都被杀死，哈罗德国王夺回了诺森布里亚。

这时，曾被不利天气滞留的威廉公爵的舰队于9月28日在佩文西登陆。哈罗德立即赶到南方，然而他在两个月前所作的准备已经七零八落，而且他的军队主力已经疲惫不堪。1066年10月14日，英格兰军队与诺曼底军队在黑斯廷斯附近相遇。哈罗德的军队在山坡上布阵，用盾牌组成一道墙。战斗进行了一整天，起初英格兰军队的阵地似乎十分稳固。很明显，英格兰军队不是失败在势力，而是失败在纪律。哈罗德军队中的有些部分似乎受到引诱，跑下山去追击真的或者是假装的撤退，被切断退路并遭到围歼。英格兰军队逐渐被打乱，中央部分坚持到天黑，但当哈罗德在战场上倒下之时，英格兰军队的命运就已经被决定了，在未来的世纪里，巴特尔修道院[1]的圣坛标示出了哈罗德倒下的地方。

威廉进军到多佛尔，随即到达坎特伯雷，在那里接受了温切斯特的归顺。但他的主要目的地是伦敦，因为英格兰抵抗势力的核心力量在埃德加·亚瑟林（Eadgar Atheling）领导下聚集在那里。威廉在伦敦桥与抵抗力量相遇，他率军环绕城市行进，一路上彻底摧毁所遇到的一切。这时亚瑟林的军队却在分崩离析，当威廉到达伯克姆斯特德时，英格兰贵族们在埃德加亲自率领下前来晋见，向他宣布效忠。

1　巴特尔修道院（Battle Abbey）的字面意思是“战斗修道院”，为征服者威廉所建，以纪念他在黑斯廷斯之战的胜利。教堂的圣坛就设在哈罗德倒下之处。

阿尔弗雷德的王朝经受住了丹麦人、挪威人和又一次丹麦人的进攻，但最后还是屈服于外国入侵。那是韦塞克斯王室之路的尽头，但却不是盎格鲁-撒克逊社会，或者它的机构和文化的结束。从本质上说，诺曼国王们是用英格兰方式统治着英格兰，在经历了被征服的阵痛之后，曾经使这个国家从埃德加到忏悔者爱德华时代那么强大的体制又重新显示出它的力量。在许多方面，1400年的英格兰看起来与1000年的英格兰惊人地相似。百户邑一直延续到现代，郡和郡长仍然存在于现实生活中，英语仍然为日常语言。最根本的是，正是在600年到1100年之间形成了英格兰的城镇、村庄和道路系统，以及农村的大多数突出特点。

年表

约450年　撒克逊人到来：亨格斯特和霍萨迁徙到肯特（传说中的年代）

455年　亨格斯特反叛沃尔蒂格恩（传说中的年代）

477年　撒克逊人移民苏塞克斯（传说中的年代）

495年　撒克逊人移民韦塞克斯（传说中的年代）

约500年　蒙巴多尼库斯战役（传说中的年代）

577年　西撒克逊人攻占格洛斯特、基兰斯特和巴思（传说中的年代）

597年　圣奥古斯丁率领传教团到达肯特

616年　东盎格利亚国王雷德沃尔德作为超级国王，使埃德温成为诺森布里亚国王

约624年　雷德沃尔德去世，很可能埋葬在萨顿胡的墓冢中

627年　埃德温及其诺森布里亚宫廷皈依基督教

633年　黑文菲尔德战役；诺森布里亚国王奥斯瓦尔德成为超级国王

635年　韦塞克斯国王西内吉尔斯皈依基督教

642年　奥斯瓦尔德被麦西亚国王彭达杀死于奥斯沃斯特里

655年　彭达在温威德被诺森布里亚国王奥苏由打败，并战死，奥苏由成为超级国王

664年　惠特比宗教会议

669年　西奥多大主教来到英格兰

672年　赫特福德宗教会议；特伦特战役，标志着麦西亚开始崛起

685—688年　韦塞克斯在卡德沃拉统治下扩张，兼并肯特、萨里和苏塞克斯

716年　艾特尔鲍尔德成为麦西亚国王

731年　比德完成《教会史》

747年　克洛菲休宗教大会

757年　艾特尔鲍尔德去世，奥发成为麦西亚国王

786年　奥发主持召开雷加丁宗教大会

793—795年　丹麦人袭击林迪斯凡、贾罗和艾奥纳

796年　奥发去世

825年　韦塞克斯国王艾克伯特打败麦西亚，兼并肯特、埃塞克斯、萨里和苏塞克斯

835年　丹麦人大举进攻肯特

865年　丹麦“大军”登陆

867年　诺森布里亚被丹麦军队占领

869年　东盎格利亚被丹麦军队占领；圣埃德蒙被杀害

871年　丹麦军队进攻韦塞克斯；阿尔弗雷德即位

874年　麦西亚被丹麦军队占领

878年　（3月）丹麦人把阿尔弗雷德赶到萨默塞特沼泽地

（5月）阿尔弗雷德在艾丁顿打败丹麦军队；格思鲁姆接受洗礼

899年　阿尔弗雷德去世；“年长的”爱德华成为韦塞克斯国王

910—920年　爱德华和艾特尔弗拉德收复丹麦法区域的大部

919年　雷格诺德在约克建立挪威人的王国

924年　爱德华去世；阿特尔斯坦即位

937年　阿特尔斯坦在布鲁南堡打败挪威人、苏格兰人和斯特拉斯克莱德的威尔士人的联军

939年　阿特尔斯坦去世；埃德蒙即位

940年　邓斯坦开始重建格拉斯顿伯里，使之成为正规的修道院

946年　埃德蒙去世

954年　约克最后一位国王被废黜

959年　埃德加即位

960年　邓斯坦成为坎特伯雷大主教

约970年　编纂《修道院规章》

973年　埃德加举行加冕和圣化仪式；接受不列颠国王们的归顺

975年　埃德加去世；“殉难者”爱德华即位

978年　爱德华被杀害；“准备不足的”艾特尔雷德即位

991年　丹麦人在马尔顿打败拜尔特诺思郡长及其率领的埃塞克斯军队；英格兰和诺曼底签订条约

1002年　艾特尔雷德下令屠杀在英格兰的所有丹麦人

1003年　斯维因国王率领丹麦军队入侵

1013年　斯维因率领一支新的军队重返；丹麦法区域拥戴他为国王

1014年　斯维因去世；在英格兰的丹麦军队选举克努特为国王

1016年　（4月）艾特尔雷德去世；“铁边”埃德蒙即位
（秋）克努特在阿兴顿击败埃德蒙；埃德蒙去世，克努特成为全英格兰之王

1017年　克努特将英格兰划分为4个伯爵国

1035年　克努特去世

1037年　哈罗德即位

1040年　哈罗德去世；哈撒克努特即位

1042年　哈撒克努特去世；“忏悔者”爱德华即位

1051—1052年　爱德华国王与韦塞克斯伯爵戈德温之间发生冲突

1053年　戈德温去世；他的儿子哈罗德成为韦塞克斯伯爵

1064—1065年　哈罗德伯爵到诺曼底访问威廉公爵

1066年　（1月）爱德华国王去世；哈罗德伯爵成为国王

（9月）英格兰国王哈罗德在斯坦福桥击败并杀死挪威国王哈罗德

1066年　（10月）诺曼底公爵威廉在黑斯廷斯击败并杀死英格兰国王哈罗德

（12月）威廉加冕为王